HEYNE <

Die Autoren

Jutta Fuezi ist eine bodenständige Engelbotschafterin, die Kurse und Beratungen anbietet, das kleine Seminarzentrum »Engellicht« gegründet und seit der ersten Ausgabe bis Anfang 2010 als Autorin im ENGELmagazin mitgearbeitet hat. Sie war eine der Hauptvortragenden bei den Engeltagen in Wien und in Nürnberg. Sie ist Mutter einer erwachsenen Tochter und arbeitet im Hauptberuf in einer Sozialversicherung. Sie lebt in einem kleinen Ort im Burgenland.

Wulfing von Rohr ist Kulturforscher, Esoterikexperte, Autor und Koautor zahlreicher Bücher (unter anderem *Kleine Erleuchtungen*), Seminarleiter und Gründungs-Chefredakteur des ENGELmagazins. Er lebt derzeit in Rust am Neusiedler See südlich von Wien. Er ist Moderator und Sprecher bei internationalen Konferenzen und Empfänger des »Inspire Consciousness Award 2010«, einer internationalen Auszeichnung für Bewusstseinspioniere.

Jutta Fuezi
Wulfing von Rohr

Engel machen Wünsche wahr

Himmlische Energien für Glück und Erfüllung

WILHELM HEYNE VERLAG
MÜNCHEN

MIX
Papier aus verantwortungsvollen Quellen
FSC® C014496
FSC
www.fsc.org

Verlagsgruppe Random House FSC-DEU-0100
Das für dieses Buch verwendete
FSC®-zertifizierte Papier Holmen Book Cream
liefert Holmen Paper, Hallstavik, Schweden

2. Auflage
Originalausgabe 03/2012

Printed in Germany 2012
Umschlaggestaltung: Guter Punkt, München
Umschlagmotiv: © Angie Lipovsek, Belgien / eowyn.mr@gmail.com
Satz: te•ha grafik
Druck und Bindung: GGP Media GmbH, Pößneck

ISBN 978-3-453-70185-4

www.heyne.de

Inhalt

Irisches Segensgebet

Lege deine Hand, oh Gott, unter mein Haupt.
Lass dein Licht leuchten über mir.
Der Segen deiner Engel schütze mich
vom Scheitel bis zur Sohle.
Gedenke nicht der Unzahl meiner Fehler,
richte nicht nach dem, was ich an diesem Tag tu.
Vergiss mich nicht, wenn du die Deinen zählst.
Der Segen Mariens komme über mich
und berge meine Seele in Frieden.
Starker Michael, schütze mich.
Bei Tag und Nacht, in jeder dunklen Stunde,
bis strahlend schön die Sonne über den Bergen aufgeht.

Zu diesem Buch

Die Engel und das Wünschen verbinden sich in diesem Buch auf eine ganz einzigartige Weise. In jedem Kapitel haben wir gleich unter der Hauptüberschrift erwähnt, welche Engel und Lichtwesen uns beim jeweiligen Thema insbesondere helfen können, also gewissermaßen »zuständig« für den Bereich sind. Dazu rufen wir Ihnen in Erinnerung, welche Eigenschaften die betreffenden Lichtwesen vor allem auszeichnen.

Stellvertretend für Sie als Leserin oder Leser dieses Buches hat Jutta Fuezi den Engeln Fragen gestellt und vielschichtige Antworten von den unterschiedlichen Vertretern der himmlischen Welten erhalten. Es ist gar nicht notwendig, all diese Engel eindeutig zu erkennen oder mit einem bestimmten Namen zu benennen. Lassen Sie sich von ihren Botschaften einfach verzaubern und inspirieren.

Ebenso können Sie mit den ganz persönlichen, anschaulichen Erlebnisberichten mit Engeln und geistigen Kräften verfahren, die Jutta Fuezi immer wieder in den Text eingeflochten hat – als anschauliche Beispiele dafür, wie liebevoll und mächtig die Helfer aus den Engelsebenen wirken.

1.

Engel * Universum * Menschen

Engel und Wünsche, Engel und Bestellungen
Karmaengel – Weiße Bruderschaft

Engelfragen

Frage: Wer gibt mir die Antworten auf die nachfolgenden Fragen?
Antwort: In erster Linie dein persönlicher Schutzengel, aber auch einige andere Helfer, die an deiner Seite sind. Das wird für dich nach und nach, wenn du dich auf die Schwingungen einstimmst, die durch dieses Buch zu dir fließen, auch unmittelbar spürbar und deutlich werden. Ausführlicheres darüber erfährst du im elften Kapitel.

Frage: Welche Aufgaben haben Engel in der Beziehung zwischen den Menschen und Gott?

Antwort: Gott hat uns für unser Leben seine Engel als Boten und Helfer zur Seite gestellt. Sie begleiten und schützen uns bei jedem Schritt, den wir machen. Wenn wir uns für unseren Schutzengel und alle anderen Helfer öffnen und sie in unser Leben einbeziehen, wird der Weg weniger belastend und schwer sein. Engel geben das Licht und die Liebe Gottes an uns weiter und helfen uns, nach und nach Gott wieder näherzukommen. Dadurch können unsere Herzenergie und unsere Seelenenergie stärker fließen, wir leben jeden Augenblick bewusster. Nach und nach können wir uns selbst wieder besser spüren, werden innerlich »rund« – wir kehren zu uns selbst zurück. Engel bieten uns die einfachste Möglichkeit, Gott näherzukommen. Sie sind für viele Menschen die stärkste Verbindung zu Gott.

Mentale Selbstermächtigung

Es ist Zeit, ein neues Bewusstsein für die jetzt anbrechende Zeit und die neuen Energien zu entwickeln – ein Bewusstsein, das dem 21. Jahrhundert entspricht und selbstermächtigend wirkt. Wir wollen einmal kurz Revue passieren lassen, aus welchen Wurzeln das heutige Bewusstsein über die Kraft des Wünschens entstanden ist. Damit möchten wir auch deutlich machen, dass unsere Generation nicht die erste war, die irgendwelche »Secrets« gefunden, Bestellungen beim Universum abgegeben, das Gesetz der Resonanz entdeckt oder die Macht des Denkens für sich genutzt hat. Vielmehr geht es um eine Entwicklung, Erweiterung und Ermächtigung des Selbst-Bewusst-Seins, die schon vor rund einhundert Jahren mit Émile Coué begann. Es folgten Charles Francis

Haanel, Dr. Edward Murphy und Norman Vincent Peale sowie Napoleon Hill, bevor dann Erhard und Gudrun Freitag, das Ehepaar Hicks, Bärbel Mohr, Mike Dooley und Rhonda Byrne oder auch die sogenannte Quantenheilung und das ThetaHealing auf die Bühne unserer Zeit traten.

Zu drei zentralen Gestalten für die Wunscherfüllung möchten wir hier Basisinformationen anbieten, weil diese Männer in vielerlei Hinsicht eine entscheidende Grundlage für unser Thema erarbeitet haben.

Émile Coué (1857–1926): Der Apotheker aus Frankreich war zugleich Autor und gilt als Begründer der modernen Autosuggestion, dem Vorläufer des Positiven Denkens, auf welchem wiederum das Wünschen und Bestellen aufbaut. Obwohl in einfachen Verhältnissen aufgewachsen, schaffte er es, eine Apothekerlehre zu machen, übernahm 1882 ein entsprechendes Geschäft und begann 1885 mit dem Studium der Psychologie. Vor allem widmete er sich dem Thema Hypnose. Er hatte nämlich in seiner Alltagsarbeit in der Apotheke festgestellt, dass seine Kunden besser und schneller gesund wurden, wenn er ihnen beim Kauf von Medizin ein paar gute Worte mit auf den Weg gab. Er soll häufig und gern gesagt haben: »Mit dieser Medizin werden Sie sicher schnell gesund.« Er stellte fest, dass die Mittel dann offenbar besser wirkten, als wenn er ein Medikament einfach kommentarlos über den Ladentisch gegeben hatte.

Coué entdeckte im Laufe der Zeit innere geistige Gesetze und entwickelte daraufhin ein System der Autosuggestion, das auch andere Menschen recht leicht erlernen konnten. Von 1912 an bis in die Zwanzigerjahre reiste er durch große Städte in Europa und den USA und sprach darüber, wie Menschen ihre eigenen Heilkräfte stärken könnten. Es entstanden, heute fast gänzlich vergessen, in zahlreichen Ländern sogar Coué-Gesellschaften.

Émile Coué hat einige Grundsätze formuliert, die es wert sind, dass wir sie bewahren und nutzen. Von ihm ist der Satz überliefert: »Sie selbst haben Heilkraft in sich!« Er ging sogar so weit zu sagen: »Ich habe keine Heilkraft, nur Sie selbst!« Als Übung schlug er vor, sich jeden Morgen nach dem Aufwachen und jeden Abend vor dem Schlafengehen rund zwanzigmal halblaut einen Satz selbst vorzusprechen, der dadurch fest im Unterbewusstsein verankert werden könnte: »Es geht mir jeden Tag in jeder Hinsicht immer besser und besser!« Heute würde man das eine Affirmation nennen, in Asien vielleicht ein Mantra. Für Coué war es eine der wirksamsten Autosuggestionen.

Eine andere seiner Autosuggestionen, anzuwenden bei körperlichen oder seelischen Schmerzen und Beschwerden, lautet: »Es geht vorbei. Es geht vorbei. Es geht vorbei.« Dabei sollte man die eigene Hand entweder sanft auf jene Stelle legen, die Probleme bereitet, oder auf die Stirn. Heute würde man im Lichte der Erkenntnisse aus der Kinesiologie und des Hemisphärenausgleichs, also der Balance der beiden Gehirnhälften, vielleicht empfehlen, eine Hand auf die Stirn und die andere auf den Hinterkopf zu legen.

Coués bleibendes Verdienst ist es, dass er als Erster öffentlich darauf aufmerksam gemacht hat, dass unsere Vorstellungskraft, der eigene Wille, unser Unterbewusstsein und seelische Faktoren sehr viel stärker positiv bei Problemen, Beschwerden und Krankheiten wirken können, als man je gedacht hatte. Coué hat entdeckt, dass Heilung durch eine bewusste Neuausrichtung des Unterbewusstseins wesentlich befördert werden kann. Der folgende Satz stammt von ihm selbst: »Jede Vorstellung, die sich genügend stark eingeprägt hat, strebt danach, sich zu verwirklichen und verwirklicht sich, soweit ihr keine Naturgesetze entgegenstehen.« Gerade der Halbsatz – » … soweit ihr keine Naturgesetze entgegenstehen« – hilft uns, keine falsche Wundergläubigkeit zu entwickeln, sondern die schöpferische Selbstermächtigung als stärkste Kraft (wieder) zu entdecken.

Charles F. Haanel (1866–1949): Der Amerikaner Haanel war ein sehr erfolgreicher Geschäftsmann, unter anderem war er Präsident der Continental Commercial Company, der Sacramento Valley Improvement Company und der Mexico Gold and Silver Mining Company. Zugleich wirkte er als Verfasser von Selbsthilfeschriften und war ein wichtiger Vertreter dessen, was man in den USA »Neugeist-Bewegung« nannte. Bereits 1912 veröffentlichte er *The Master Key System* als eine Folge von Lehrbriefen, die erst später in einem Buch zusammengefasst wurden und auf der Rhonda Byrne ihren Welterfolg *The Secret* aufbaute.* Der berühmte Autor Napoleon Hill *(Denken Sie sich reich)* schrieb 1919 an Charles F. Haanel: »Meinen Erfolg und den Erfolg als Präsident des Napoleon-Hill-Instituts verdanke ich weitestgehend den Prinzipien, die im *Master Key System* beschrieben werden.« Der ehemalige Wirtschaftsprüfer und Wirtschaftsberater Mike Dooley gilt mit seinem Buch *Grüße vom Universum* und seinen Kursen vielen heute als der legitime Nachfolger von Charles F. Haanel.

Der Kern des *Master Key Systems* sind 24 Lektionen, die 24 praktische Schritte darstellen, um das Gesetz der An-

* Die derzeit beste deutsche und zudem sinnvoll kommentierte Übersetzung ist als Taschenbuch im Knaur Verlag München erschienen, unter dem Originaltitel *The Master Key System*.

ziehung richtig zu nutzen und das Leben zu meistern. In seinem Vorwort schreibt er: »Manche Menschen scheinen Erfolg, Macht, Reichtum und Leistung ohne große Mühen und bewusste Anstrengung anzuziehen. Andere haben nur unter großen Schwierigkeiten Erfolg und siegen. Wieder andere Menschen schaffen es gar nicht, ihre Ambitionen, Wünsche und Ideale zu erreichen. Warum ist das so?«

Etwas später gibt er auf diese Frage die folgende Antwort: »Es kann dafür keine körperliche Ursache geben, sonst wären die physisch vollkommensten Menschen ja auch die erfolgreichsten. Also muss der Grund für diese Unterschiede geistiger Natur sein: Die Ursache muss im Geiste liegen. Die Mentalkraft muss die schöpferische Kraft sein; sie muss die einzige Ursache für die Unterschiede zwischen den Menschen ausmachen. Es ist der Geist, der stärker als Umgebung und Umwelt wirkt und der jedes andere Hindernis auf dem Weg des Menschen überwinden kann.«*

Dr. Edward Murphy (1898–1981): Wer hat nicht schon von seinem Bestseller *Die Macht Ihres Unterbewusstseins* gehört, das 1962 zum ersten Mal erschien und in der deutschen Ausgabe inzwischen fast siebzig Auflagen erlebt hat? In Irland geboren, wanderte Murphy 1922 in die USA aus und studierte Rechtswissenschaften, Philosophie und Religionswissenschaften. Manche nannten ihn einen »christlichen Pantheisten«, der – anders als viele seiner Zeitgenossen – nicht an die Reinkarnation glaubte. Er war Reverend, also Pfarrer beziehungsweise Priester, und fast drei Jahr-

* Charles F. Haanel: *The Master Key System,* übersetzt von Wulfing von Rohr, Knaur Verlag, München, S. 9. Mit freundlicher Genehmigung des Verlages.

zehnte hindurch Vorstand der Church of Divine Science in Los Angeles.

Mit Murphy verbindet man zu Recht das Positive Denken und die Arbeit mit Affirmationen, obgleich auch andere, zum Beispiel Peale und Hill, diesen Ansatz nutzten. Murphy sprach von »wissenschaftlichen Gebeten«, was auch an Paramhansa Yogananda erinnert, der ebenfalls Gebete für eine wissenschaftliche, also nachprüfbare, Methode hielt, um etwas im Leben zu bewirken – mithilfe der Verbindung zwischen dem Bewusstsein des Einzelnen und einer höheren schöpferischen beziehungsweise göttlichen Macht. Mithilfe von Affirmationen, also »Bestärkungen«, die zunächst mental sind, aber mit der Zeit sozusagen in Fleisch und Blut übergehen und eine dynamische Eigenwirkung entfalten, kann man, so Murphy, das gesamte Leben in eine positive Richtung lenken.

Murphy hat ausdrücklich die Dimension des Göttlichen mit in die Wunscherfüllung eingebracht. Er zitierte häufig – auf undogmatische Weise – aus der Bibel. Ihm war bewusst, dass zur erfolgreichen Wunscherfüllung beide Faktoren wichtig sind: das menschliche Bemühen, die bewusste Steuerung des Unterbewusstseins auf der einen und die schöpferische Kraft, die göttliche Dimension von Gnade auf der anderen Seite.

Soweit also Hinweise zu Pionieren unseres Themas, des Wünschens. Was können wir von ihnen lernen?

Wünsche und Selbstermächtigung

Wir Menschen können – mit oder ohne religiöse beziehungsweise spirituelle Gefühle und mit oder ohne persönlichen

Glauben – in uns selbst eine Bewusstseinsschicht aktivieren, die unser Gesamtsystem, unseren irdischen Körper, unsere seelischen Bereiche, unsere mentalen Gedanken und unsere Sinnesempfindungen und Gefühlsbewegungen stärken, die uns Hoffnung schenken, Ziele anzuvisieren, und uns die Kraft verleihen, diese Ziele zu erreichen. Diese Kräfte der positiven Ausrichtung wirken für alle Bereiche des Lebens, seien es Gesundheit oder Erfolg, Beziehung oder Sinnsuche. Wenn wir diese Kräfte entdecken und sie aktivieren für Wünsche und Ziele, die sinnvoll sind, allen Wesen dienen und keinem Wesen schaden, dann haben wir einen entscheidenden Teil zur schöpferischen Selbstermächtigung vollbracht.

Engelhilfe

Auch für das Thema Engel gilt, was wir für das Wünschen festgestellt haben: Die heute sehr populären Ideen dazu haben eine lange Geschichte. Wir erwähnen hier, weil sie insgesamt bekannter sein dürften, nur kurz wenige Aspekte. Beim Thema Engel kennen wir zahlreiche Vorläufer der modernen Autoren und Autorinnen, zum Beispiel den schwedischen Wissenschaftler, Naturforscher und Mystiker Emanuel Swedenborg (1688–1772), der über »Himmel, Höllen, Geisterwelten« und verwandte Themen schrieb und selbst mit Wesen aus anderen Ebenen kommunizierte. Ein Kompendium seiner Erfahrungen, das auch heute noch erhältlich ist, heißt deshalb *Er sprach mit den Engeln.* Die Italienerin Paola Giovetti befasste sich seit Ende der achtziger Jahre des 20. Jahrhunderts mit dem Thema einfühlsam und zugleich auch kritisch. Eines ihrer frühen Bücher heißt *Engel – die un-*

sichtbaren Helfer der Menschen«, auf deutsch schon vor über zwanzig Jahren erschienen und davor bereits auf italienisch.

Dass durch die Jahrhunderte vor allem im Rahmen der katholischen Kirche immer wieder Schriften über Engel erschienen, ist allgemein bekannt. Auch beim Thema Engel dürfen wir also getrost die frühen Wurzeln ehren, aus denen die späteren Erkenntnisse und neuen Einsichten gewachsen sind.

Die Kernaussagen der frühen Engelforscher und -autoren möchten wir so zusammenfassen (wohl wissend, dass dies eine sehr grobe, aber für unser Buchthema stimmige Zusammenfassung darstellt):

Es gibt Engelwesen

Sie sind geistige Kräfte, denen das menschliche Gemüt zwar Form und Gestalt verleihen mag, die jedoch keine Form im irdischen Sinne haben. Als Lichtwesen wirken sie überpersönlich und erlauben jedoch, dass wir uns ein Bild von ihnen machen. Ihre zentrale Aufgabe ist es, uns daran zu erinnern, dass wir nicht allein sind, dass wir auf Hilfe, Schutz und Ermunterung aus geistigen Ebenen hoffen und zählen dürfen. Darüber dürfen wir jedoch nicht vergessen, unsere eigene und unmittelbare Verbindung zur Quelle der Schöpfung, zum Göttlichen, zu entdecken und unser Wesen mit eigenem Einsatz ebenso wie durch höhere Gnade zu entfalten.

Das Geschenk der Engel

Das Geschenk der Engel auf dem Gebiet von Affirmationen, Wünschen und Bestellungen besteht vor allem darin, dass sie eine Verbindung zur göttlichen Urquelle anbieten. Sie erweitern unsere eigenen mentalen und emotionalen Bemühungen um die Dimension von schöpferischen Kräften, die transpersonal und transzendent sind. Unsere Beziehung zu Engeln kann uns stärken, wenn wir den Mut sinken lassen, sie kann uns ermuntern, auch hohe Ziele ins Auge zu fassen, sie kann uns Beharrlichkeit verleihen und uns helfen, dabei entspannt zu bleiben. Die Engel stehen uns immer zur Seite, auch und gerade dann, wenn es um die Verwirklichung unserer tiefsten Herzenswünsche geht. Unsere Verbindung zu ihnen hilft uns, die richtigen, stimmigen Wünsche zu entwickeln, die, die zu unserem höchsten und besten Wohle sind.

Die Kombination von Engeln und Wünschen bildet ein unschlagbares Team, weil wir mit der Hilfe »hochgestellter Freunde« in unserem Alltag eine konzentrierte und zielgerichtete Wunschenergie freisetzen können. Das ist ein Weg, um vieles im Leben rasch und wirksam ins Positive zu wenden, anwendbar in allen Lebensbereichen.

Die kraftvollen Helfer

Zuständig für Wünsche allgemeiner Art sind die sogenannten Karmaengel und die Weiße Bruderschaft.

Karmaengel

Karmaengel sind jene Boten Gottes, die den Auftrag haben, uns Menschen dabei zu helfen, unsere Lern- und »Gebe«-Aufgaben stimmig zu erfüllen. Eine Voraussetzung dafür ist, dass wir zunächst einmal unsere Lebensaufgaben wahrnehmen. Das bedeutet zu erkennen, was neben den Fähigkeiten für Lektionen, die wir lernen, um uns persönlich weiterzuentwickeln, an Gaben – daher Auf-Gaben – in uns angelegt sind, die wir zum Wohle des Ganzen aktiv einsetzen können und sollen.

Karmaengel sind *keine* dunklen Geister, die uns mit den Folgen früherer Handlungen konfrontieren, irgendeine Schuld feststellen und uns irgendeine Strafe zumessen. Vielmehr helfen sie uns, unsere Bestimmung zu erkennen. Sie geben Impulse, sodass wir überhaupt nach einem Sinn des Lebens zu suchen beginnen. Vor allem stärken sie unsere Einsicht in das hohe Maß an Selbstverantwortung, das wir alle tragen. Auch wenn sehr vieles im Leben Geschenk und Gnade ist, dürfen wir doch unsere Eigenverantwortung nicht vernachlässigen oder unterschätzen. Sicher kennen Sie das bekannte Sprichwort: »Hilf dir selbst, dann hilft dir Gott.« Karmaengel fördern also die Entwicklung genau dieser Selbstverantwortung. Einen speziellen, allgemein gültigen Namen für diese Karmaengel gibt es nach unserer Kenntnis übrigens nicht.

Noch ein Wort zum Thema Karma: Nach unserer Meinung, also in der Sichtweise von uns Autoren, ist Karma nichts, was unabänderlich wäre und auf jeden Fall bis zum möglicherweise bitteren Ende »ausgelöffelt« werden müsste. Die Gnade und Barmherzigkeit des Himmels, die Liebe Gottes, die Hilfe der Lichtwesen aus der geistigen Welt ist immer größer, stärker und barmherziger als jedes Karma, auch wenn es »selbst verschuldet« sein sollte. Jedoch bedarf es auch einer eigenen inneren Umkehr von uns selbst, um die Gnadenkraft der Karmaauflösung empfangen zu können. In einem Bild ausgedrückt: Solange wir von der Sonne wegschauen und nur unseren Schatten anblicken, mag das Leben manchmal recht dunkel und trüb aussehen. Sobald wir uns der Quelle von Licht und Liebe zuwenden – also der Seele beziehungsweise dem höheren Selbst als Funken der göttlichen Schöpferkraft –, wird unser Leben lichter und damit deutlich leichter.

Wünsche wahr machen

Karmaengel haben die Funktion, uns beim Prozess der inneren Umkehr zu helfen. Wir können sie bitten, uns zu helfen, das Bewusstsein und den Alltag für unsere wahren Lebensaufgaben zu öffnen.

Aufgaben der Karmaengel

Die Karmaengel arrangieren auf spielerische Art und Weise Begegnungen und führen uns genau zum richtigen Zeitpunkt mit den passenden Menschen zusammen, die wir meist schon von früher her (aus vergangenen Leben) kennen oder die kennenzulernen wir uns für dieses Leben vorgenommen haben. Seelen also, die vom Lebensthema oder bezüglich einzelner Bereiche genau in unseren »Plan« passen, mit denen wir etwas zu lösen haben oder die wir als Wegbegleiter bezüglich Arbeit oder Partnerschaft ausgewählt haben.

Das klingt nun vielleicht für den einen oder anderen sonderbar, aber Sie können sich das folgendermaßen vorstellen: Bevor unsere Seele in diesem Leben inkarnieren durfte (die Betonung liegt auf »durfte«, denn es ist ein Privileg, ein Leben auf der Erde zu verbringen), wählte sie mithilfe all der zuständigen Engel und anderen Helfer aus dem geistigen Bereich den Lebensplan mit allen möglichen Themen und Aufgaben aus. Natürlich beinhaltet dieser Plan auch eine Menge Entscheidungs- und Wegänderungsmöglichkeiten, die Freiheit zu wählen und vor allem auch den freien Willen. An gewissen Menschen und Aufgaben kommt man wahrscheinlich nicht vorbei, aber dies jetzt zu vertiefen, würde zu sehr ins Detail gehen. Wir können allgemein feststellen und davon ausgehen, dass wir in der aktuellen Lebensphase genau den Menschen begegnen, die uns helfen oder ideal ergänzen können. Voraussetzung ist, wir lassen Hilfe zu und sind überhaupt offen für neue Menschen und Erfahrungen. Die Begegnungen zu arrangieren, dabei sind der Fantasie und dem spielerischen Einfallsreichtum der Engel keine Grenzen gesetzt.

Ein Beispiel dazu (von Jutta Fuezi): Meine liebe Freundin Eveline und ich haben ein kleines Seminarzentrum, in dem wir Vorträge, Seminare und Ähnliches für spirituell interessierte Menschen veranstalten. Daher sind wir natürlich immer auf der Suche nach neuen und interessanten Themen mit den dazugehörigen Vortragenden. Vor einigen Monaten hörten wir von einem speziellen Café, dem Resonanz-Café in Rust am Neusiedler See, nicht weit von uns entfernt, das für diese seelisch-mentalen Themen eine Plattform bietet. Wir schafften es bisher nie, dorthin zu fahren oder mit der Eigentümerin in Kontakt zu treten.

Eines Tages saß ich nun mit Wulfing von Rohr zusammen, wir sind unser neues Buch wieder einmal durchgegangen und haben Details festgelegt. Die Arbeit ging zügig voran, es war eine wunderbare Energie und eine Menge Engel waren um uns (Schmunzeln erlaubt, aber sie waren wirklich zu spüren). Als wir fertig waren, schlug er mir vor, dass wir noch kurz zu einer Bekannten von ihm fahren, die mich kennenlernen wollte und sich für ein spezielles Thema interessierte. Er führte mich zu genau dem Café, das ich schon längst besuchen wollte. Beim Eintreten erkannte ich die Gründerin, Heidi Gabriel, gleich vom Folder her wieder und konnte ein Lächeln nicht unterdrücken.

Das war wieder einmal perfekt inszeniert von meinen Karmaengeln. Wir hatten eine liebevolle Begegnung und ein interessantes Gespräch und vereinbarten, dass wir in Kontakt bleiben. Ich bin mir sicher, dass sich hier eine gemeinsame Aufgabe zu einem späteren Zeitpunkt oder ein verbindendes Thema zeigen wird. Ach ja, natürlich habe ich mich herzlich bei allen himmlischen Helfern für dieses Treffen bedankt.

Die Karmaengel sind nicht nur für Highlights zuständig, sie helfen uns auch, wenn wir uns mit einem zähen Thema herumschlagen und das Gefühl haben, nicht vor und nicht zurück zu können. Sie kennen das sicherlich: als wollte man in einem Gelee-Pudding schwimmen. Geht natürlich nicht. Es tut sich einfach nichts und man verzweifelt förmlich daran. Das ist aber nicht notwendig. Wir brauchen nur unsere Helfer zu aktivieren, sie warten darauf und unterstützen uns sehr gern und mit viel Liebe. Eine Möglichkeit dafür ist das nachstehende Ritual.

ÜBUNG

Wunschritual mit den Karmaengeln

Probieren Sie es mal auf die Weise, in der ich mit meinen Karmaengeln in Kontakt trete: Bevor ich schlafen gehe, zünde ich ein Teelicht auf dem Nachttisch an und ersuche alle Karmaengel, mir bei diesem Ritual zu helfen. Ich lege mich in mein Bett, entspanne mich und komme innerlich zur Ruhe. Ich stelle mir mein Problem bildlich vor und ersuche meine Engel, mir jemanden oder etwas zu schicken, der/das mir

dabei helfen kann, dieses Problem zu aller Zufriedenheit zu lösen. Ich stelle mir vor, wie sich alles auflöst und ich von diesem Thema befreit bin. Ich fühle mich wohl und bin innerlich wieder ganz »rund« und ausgeglichen. Das mache ich an drei aufeinanderfolgenden Abenden.
Am vierten Tag erwarte ich eine Begegnung oder einen Hinweis, der mir hilft. Ich bin offen und bereit, das Zeichen auch zu erkennen und anzunehmen. Dann bedanke ich mich bei allen Engeln, die dies ermöglicht haben.

Die Weiße Bruderschaft oder die aufgestiegenen Meister

Die sogenannte Weiße Bruderschaft – man findet bisweilen auch Bezeichnungen wie »Geistige Hierarchie« oder »Karmischer Rat« – wird von Meistern und Meisterinnen gebildet, die während ihres Erdenlebens im physischen menschlichen Körper Meisterschaft über die Kräfte der Erde erlangt haben. Sie durchliefen meistens zahlreiche persönliche Entwicklungsphasen und spirituelle Einweihungsstufen. Zu dieser Bruderschaft gehören jene früher als Mensch inkarnierten Seelen, die zur höchsten Stufe von Einweihung, Erwachen und »Erleuchtung« gelangt sind.

Madame Helena Petrowna Blavatsky hat mit ihren Lehren der Theosophie Ende des 19. Jahrhunderts die Weiße Bruderschaft zum ersten Mal einem größeren Publikum bekannt gemacht. Alice Bailey hat in den Schriften der sogenannten Arkanschule weiter darüber berichtet. Im Rahmen dieses Buches spielen vor allem die aufgestiegenen Meister Kuthumi, Saint Germain und Maria eine Rolle.

Aufgestiegene Meister wirken als Geistführer für Einzelne, die sich dafür öffnen und für »würdig« befunden werden, sie zu channeln. Manchmal nehmen sie wohl auch Einweihungen vor, allerdings ist bei der Vielzahl der angeblichen Channels für alle möglichen aufgestiegenen Meister und vermeintlich zur Weitergabe (beziehungsweise zum Verkauf) angebotenen Einweihungswege doch Zurückhaltung angebracht. Die Weiße Bruderschaft fungiert jedoch unabhängig davon, so heißt es, als eine Art geistiger Orientierungsstrahl für das Leben der Menschheit auf der Erde, quasi als ein überpersönliches Korrektiv. Sie erinnert daran, dass alle Menschen göttliche Wesen sind, dass es ewig gültige Wahrheiten gibt, dass alle Menschen Gaben besitzen und die Verpflichtung haben, sie zum Wohle des Individuums und des Kollektivs einzusetzen. Die Aufenthaltsorte der Weißen Bruderschaft sind nicht bekannt. Man spricht manchmal von Lichtorten oder Lichtstätten, von einer »geheimen Weltregierung«, die in Shambala beziehungsweise auf einer nicht-irdischen, ätherischen Ebene existiert.

Zum Thema Meister haben wir im Internet einen sehr interessanten Hinweis gefunden, den wir gern – mit ausdrücklicher freundlicher Genehmigung – an dieser Stelle zitieren: »Diese Meister sind nicht unsere Meister, sondern Meister ihrer selbst. Sie haben ihre Energien und ihr Licht vereinigt und existieren in einem kollektiven Bewusstsein. Die Meister haben Charakter und Persönlichkeit abgelegt und sind nur noch reine Gedanken und reines Licht, umgeben von einem vielfach facettierten Diamanten. Die Facetten dieses Diamanten repräsentieren jeweils ein gelebtes Leben. Durch diese Fenster empfangen die Meister Erfahrung und Wissen und senden ihr kollektives Bewusstsein auf die Erde, damit es von Channel-Medien empfangen werden und die Menschen auf ihrem Evolutionsweg anleiten kann.«*

Während Engel in der Regel keinerlei Lebenserfahrung im menschlichen Körper haben, können aufgestiegene Meister uns oft noch besser verstehen, weil sie nachempfinden können, mit welchen Herausforderungen und Problemen, Begrenzungen und Sorgen, Befürchtungen und Ängsten wir es hier auf dieser Ebene zu tun haben.

Wünsche wahr machen

Die Meister der Weißen Bruderschaft helfen uns im Rahmen des Themas »Wünsche« vor allem dabei, die *richtigen* Wünsche und Ziele zu hegen, die Absichten *stimmig* zu formulieren, die Gefühls- und Gedankenkraft sowie die Herz- und Seelenkraft in der *rechten Weise* auf Ziele auszurichten, die uns *wahrhaftig* mittel- und langfristig dienen und nicht nur einer momentanen Laune entspringen oder kurzfristigen Lustgewinn versprechen.

Aufgaben der Weißen Bruderschaft

Ich (Jutta) hatte absolut keinen Bezug und wusste überhaupt nichts über die Weiße Bruderschaft, als ich das erste Mal nach Graz fuhr, um mit einem Medium eine Aufstellung zu machen. Es sollte mir bei der Auflösung meiner damaligen Partnerschaft helfen. Ich wusste vorher überhaupt nicht, was mich dabei erwarten würde, hatte jedoch wie immer eine Menge Urvertrauen und Zuversicht mit dabei.

* Mehr unter: www.andranleah.de

Eine elfenhafte Frau öffnete mir und wir spürten sofort unsere Seelenverbindung. Die gemeinsame Arbeit wurde eine wunderbare Erfahrung mit einer starken hellen und liebevollen Energie, die noch Tage nachwirkte und wirklich eine Menge in mir und in weiterer Folge auch in meinem Umfeld löste. Ulli, die inzwischen eine sehr gute Freundin von mir ist, erzählte mir, dass sie mit der Energie und der Hilfe der Weißen Bruderschaft arbeite, und ich werde nie vergessen, wie geborgen und sicher ich mich in dieser Energie fühlte – obwohl es mental und auch seelisch drunter und drüber ging. So viel zu meiner sehr positiven Erfahrung mit dieser Gruppe aus dem geistigen Bereich.

Dazu noch ein wunderbarer Ausspruch des sehr bekannten Antoine de Saint-Exupéry (1900–1944, aus *Der kleine Prinz*): »Geh nicht nur die glatten Straßen, geh Wege, die noch niemand ging, damit du Spuren hinterlässt und nicht nur Staub.« Warum dieser Satz? Weil ich heute Vormittag beim Zahnarzt war und noch ein wenig warten musste, bis ich aufgerufen wurde. Um nicht noch nervöser zu werden, blätterte ich in einem Frauenmagazin (in der Regel meist nicht so interessant für mich), schlug es willkürlich irgendwo auf – und dort stand der eben an Sie weitergegebene Satz. Was man dazu noch wissen sollte: Ich hatte um einen passenden Spruch für das erste Kapitel dieses Buches gebeten. Wen? Na, meine Schreib- und Buchengel natürlich und alle anderen, die dafür zuständig sind und uns liebevoll helfen und begleiten.

Um es nicht zu vergessen: Wir bedanken uns recht herzlich bei ihnen allen! Danke! Denn dieser Satz beinhaltet ja genau das, was für dieses Thema ganz entscheidend ist. Nämlich dass wir und nur wir unseren Weg bestimmen und für uns entscheiden, wo, wann und mit wem wir wohin unterwegs sind!

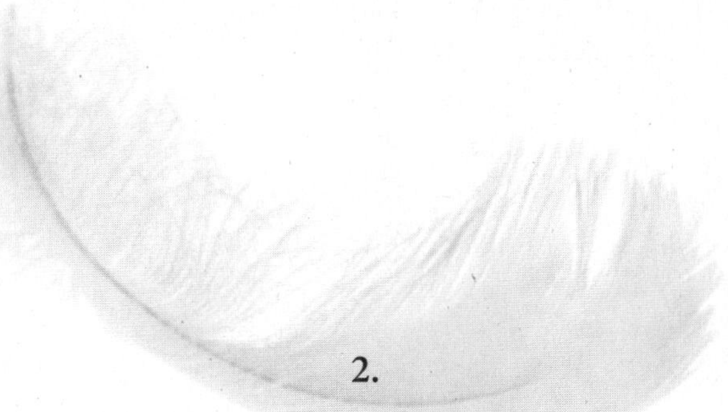

2.

Engelgeschenke

**Botschaften aus der geistigen Welt
und wie wir sie wahrnehmen können
Erzengel Gabriel – Meister Kuthumi – Zwerge**

Engelfrage

Frage: Wie kann ich direkten Kontakt mit den Engeln aufnehmen beziehungsweise den für mich jetzt in der aktuellen Situation »zuständigen« Engel wahrnehmen?
Antwort: Du kannst mich immer neben dir spüren, wenn du es dir und mir erlaubst. Konzentriere dich nicht darauf, dass du mich siehst, das ist nicht wichtig, sondern achte auf Gefühle oder auch Wärme beziehungsweise Leichtigkeit in dir, einen wunderbaren Duft, einen Lichtstrahl und Ähnliches. So mache ich mich bemerkbar. Wenn du einen anstrengenden Tag verlebst und trotzdem Leichtigkeit und Humor in dir fühlst, wie zum Beispiel eine unerklärliche Harmonie oder ein unbegründetes Lächeln auf

deinem Gesicht – genau in diesen Momenten bin ich ganz nah neben dir, du bist offen für mich und vertraust mir, du integrierst mich in diesen Tag. Ich bin da und halte deine Hand. Mit meinem weißen Lichtstrahl trage ich dich ein Stückchen und du musst nicht alles selbst machen, du lässt dir ein wenig von mir helfen. Dann gibt es auch immer wieder Momente des Glücks und Zeiten der Zufriedenheit, die du genießen darfst und kannst. Meine Botschaften hörst du durch deine innere Stimme. Werde leise und lerne, sie zu empfangen. Sie zeigen dir den nächsten Schritt auf deinem persönlichen Lebensweg.

Signale aus der geistigen Welt

Sie haben das sicher selbst schon häufig erlebt: unerklärliche Zeichen, als ob der Himmel Ihnen eine Botschaft geben wollte. Nicht immer sind diese Signale eindeutig – aber es gibt keinen Zweifel, dass sie da sind. Federn am Weg, vor allem weiße Federn. Sie denken an jemanden und er oder sie ruft Sie kurz darauf an. Sie treffen nach langer Zeit jemanden »zufällig« an einem ganz anderen Ort, als es zu erwarten wäre, im Urlaub, im Park, auf einem Amt. Ein Tier berührt Sie durch seine Aufmerksamkeit – zum Beispiel setzt sich ein Vögelchen auf den Balkon, zwitschert und schaut anscheinend zu Ihnen ins Fenster hinein, oder beim Spaziergang landet ein Schmetterling auf Ihrer Schulter. Sie schlagen ein Buch auf und finden die Antwort auf eine akute Frage ... Sicher fallen Ihnen zahlreiche weitere Beispiel ein. Wie kommt es, dass wir solche Zeichen erhalten? Wie können wir sie deuten? Wie sollen wir damit umgehen? Hier einige Antwortversuche.

Wir arbeiten bewusst an unserer spirituellen Entwicklung. Vielleicht meditieren wir, besuchen Yogakurse, bemühen uns um bewusste Ernährung, achten auf eine liebevolle Lebensweise, erinnern uns daran zu beten, stehen in Verbindung mit den Engeln, gehen in Kirchen, Tempel oder andere religiöse Stätten, suchen Kraftorte auf ... Alles, was wir von uns aus mit dem Motiv unternehmen, uns weiterzuentwickeln, wird eine Resonanz in den geistigen Dimensionen auslösen – in unseren eigenen höheren Bewusstseinsebenen genauso wie in Himmelsebenen – und führt so zu anscheinend zufälligen Signalen. Es gibt jedoch auch die Möglichkeit, dass wir durch tiefes Leid oder schlimme Verzweiflung die Gnadenkräfte des Himmels so rühren, dass er uns auch ohne unser bewusstes Zutun Zeichen sendet.

Was die Zeichen zu bedeuten haben, lässt sich nicht verallgemeinern. Das kommt doch sehr auf den Einzelfall an. Aber immer sind sie dies: Erinnerungen, dass es geistige Kräfte gibt, die uns unentwegt beistehen. Zeichen der Hoffnung und Liebe. Signale, das Thema oder Problem auf eine andere Weise anzuschauen. Aufforderungen, um Hilfe zu bitten – auf der Erde bei anderen Menschen, im Himmel bei Lichtwesen. Und solche Zeichen erinnern uns daran, dass wir »mehr« sind, dass auch wir immer und jederzeit Träger eines Lichtfunkens sind, der nie vergeht. Das ist eine wesentliche und tröstliche Botschaft, die wir offensichtlich nicht oft genug empfangen können.

Wie mit solchen Signalen umgehen?

Wir meinen, dass wir anhand solcher Zeichen auf jeden Fall neuen Mut fassen und uns für den nächsten Schritt öffnen sollten. Der nächste Schritt ist möglich. Wir sehen vielleicht noch nicht das Ziel und fragen uns, was hinter der nächsten Biegung unseres Weges liegen mag. Aber das können und sollten wir auf jeden Fall tun: uns für den nächsten Schritt entscheiden und ihn dann auch gehen. Wir dürfen gewiss sein, dass spätestens nach der nächsten Wegbiegung ein neues Zeichen auf uns wartet.

Die kraftvollen Helfer

Erzengel Gabriel, der aufgestiegene Meister Kuthumi sowie die Zwerge als eine Art Elementarwesen helfen uns, Botschaften aus der geistigen Welt wahrzunehmen oder sind selbst Überbringer solcher Botschaften.

Erzengel Gabriel

»Gott ist meine Stärke« ist die Übersetzung des Namens dieses Erzengels. Er ist einer der drei in der Bibel namentlich erwähnten lichten Engel (neben Michael und Raphael; »gefallene« Engel finden ja auch Erwähnung). Gabriel ist bekanntermaßen der Engel der Verkündigung: Er verkündet Maria die frohe Botschaft ihrer Empfängnis Jesu. Neben Michael ist Gabriel einer der am häufigsten in der Kunst dargestellten Lichtwesen.

Gabriel ist auch der Engel, der über das Paradies herrscht. Er regiert den ersten Himmel und sitzt zugleich zur Linken Gottes. Mohammed sagt, er sei von Gabriel (*Jibril* im Islam)

»mit 140 Flügelpaaren« besucht worden, der ihm Sure für Sure den Koran diktierte.

Manchmal werden Gabriel und der Heilige Geist praktisch miteinander gleichgesetzt: In Matthäus 1:20 empfängt Maria vom Heiligen Geist, in Lukas 1:26 geht Gabriel bei ihr ein. Neben Michael, Uriel, Metatron, Samael und Chamuel wird auch Gabriel bisweilen als Gegner des Jakob genannt, der mit einem Engel gerungen haben soll. Johanna von Orléans sagte vor Gericht aus, dass es Gabriel war, der sie zu ihrem kämpferischen Einsatz für die Freiheit Frankreichs aufgefordert habe. Die amerikanische Engelautorin Doreen Virtue teilt mit, dass ihrer Ansicht nach Gabriel weiblich ist – und er wird oft ja auch mit durchaus weichen, weiblichen Zügen dargestellt. Virtue nennt diesen Engel deshalb auch Gabriela.

Wünsche wahr machen

Gabriel bringt nun nicht etwa als Botenengel unsere Wünsche, Bestellungen, Hoffnungen, Affirmationen und dergleichen mehr in die Himmelswelten, sondern er übermittelt uns vielmehr die Botschaften und auch »Wünsche« oder »Anfragen«, die der Himmel *für uns* hat. Auch das ist ja ein wichtiger Aspekt der Wunscherfüllung mit der Hilfe der Engel: dass wir wahrnehmen, was sich der Himmel und die geistige Welt von uns wünschen. Dass wir auf unseren eigenen Seelenruf hören. Dass wir uns in der rechten Weise dafür öffnen, unser Potenzial so ganzheitlich und schöpferisch-kraftvoll wie nur möglich zu verwirklichen. Gabriel teilt uns also mit, welche Aufträge, Möglichkeiten und Herausforderungen die geistige Welt für uns in petto hat.

*Meister Kuthumi**

Der aufgestiegene Meister Kuthumi und seine Energie kräftigt die Wurzeln, mit denen wir mit unserer Mutter Erde verbunden sind. Die Erde versorgt uns gemeinsam mit der Sonne mit Energie und Kraft. Die Energie von Meister Kuthumi lehrt uns, diese Verbindung wieder richtig für uns zu nutzen, sie erneuert unser Wissen um die Kraft der Erdenmutter. Mit diesem Wissen kommen wir wieder in Einklang mit unserem Körper und empfangen, mit beiden Beinen auf dem Boden, bewusst die Erdenkraft.

Meister Kuthumi lehrt uns auch Geduld und realistische Wahrnehmung. Wie oft verzweifeln wir, wenn nicht gleich alles so läuft, wie wir es wollen. Dabei vergessen wir, dass Neues meist seine eigene Zeit braucht. Das Erlernen von Fähigkeiten, das Aneignen von Wissen ist ein Prozess, er fordert von unserem Körper den Bau neuer Energiebahnen und Vernetzungen. Gemeinsam mit Meister Kuthumi werden wir diesen Prozess ohne Hast und Missmut durchleben.

Der aufgestiegene Meister Kuthumi vertieft das Verständnis für die Zusammenhänge und Wechselwirkungen zwischen Körper, Aura und Umgebung. Alles, was ist, wirkt auf uns. Die gesamte Natur, ob Baum, Strauch, Wasser oder Stein, hat uns etwas zu sagen und zu geben. Kuthumi lässt

* Der Text in diesem Abschnitt über Kuthumi beruht im Wesentlichen auf einer Vorlage, die www.lichtkreis.at freundlicherweise ausdrücklich öffentlich zugänglich gemacht hat. Dort finden Sie auch Hinweise auf besondere, von Hand und mit Liebe gefertigte und energetisierte Talismane. Man findet Channelbotschaften von Kuthumi lal Singh beim Crimson Circle, Geoffrey und Linda Hoppe: www.crimsoncircle.com (kostenlose Texte, auch auf Deutsch)

uns das Feinstoffliche hinter diesen oft so grob wirkenden Strukturen verstärkt spüren. Wir gewinnen dadurch eine weitere Energiequelle für unser Leben.

Wie bei den Erzengeln hat jeder aufgestiegene Meister seine Aufgabenbereiche. Die Energie des aufgestiegenen Meister Kuthumi hilft uns, mit beiden Füßen auf dem Boden zu stehen, Geduld und Realitätssinn zu entwickeln, sie unterstützt uns bei der Erdung und dabei, uns in unserem Körper wohlzufühlen. Er verstärkt, dass und wie wir die Energien der Erde, der Pflanzen, Steine und so weiter wahrnehmen.

Kuthumi soll unter anderem inkarniert gewesen sein als:

- Thutmoses III (1503–1450 v. Chr.), ein Prophet der Pharaonen
- Pythagoras (582–498 v.Chr.), der griechische Mathematiker und Philosoph
- König Balthasar, einer der drei heiligen Könige
- Franziskus von Assisi (1182–1226)
- Schah Jahan (1592–1666), der Auftraggeber des Taj Mahal in Indien
- Kuthumi lal Singh

Wünsche wahr machen

Kuthumi hilft uns beim Thema Wünschen vor allem, Geduld zu haben und beharrlich weiter für die erwünschte Manifestation das beizutragen, was unser Anteil ist.

Zwerge

Zwerge sind vor allem dafür bekannt, dass sie wissen, wo Bodenschätze liegen und wie man Eisen und Gold, Mineralien und Edelsteine aus der Erde hebt und zu allerschönstem Schmuck verarbeitet. Die nordischen Göttersagen berichten davon, dass Zwerge Odins Speer, Thors Hammer, Freyrs Eber, Ringe und Schiffe und sogar die goldblonden Haare einer Göttin angefertigt haben.

Zwerge tauchen in deutschsprachigen Sagen auch unter zahlreichen anderen Namen auf, zum Beispiel Erdmännchen, Erdschmiedlein, Erdwichtel, Erdbiberli (in der Schweiz), Bergmännchen und ganz allgemein auch als »die Unterirdischen«. Der germanische Gott Thor ist der Beschützer der Zwerge.

Zwerge sind klein, oft dickköpfig, die Männer unter ihnen tragen lange graue Bärte. Ihr Körper ist ähnlich dem der Menschen, weist aber einige Unregelmäßigkeiten auf. Meist tragen sie eine rote, manchmal auch grüne Kappe. Diese dient bisweilen als Tarnkappe, mit der sie sich unsichtbar machen. Sie wohnen unter der Erde, und in der menschlichen Fantasie gern auch in Zwergenpalästen mit wunderbarer Pracht. Sie besitzen besondere Sinnesfähigkeiten, die den Menschen fehlen.

Die Zwerge sind nicht erfreut, dass die Menschen sie durch die Abholzung des Waldes und durch den Lärm ihrer Arbeit allmählich vertreiben. Trotzdem sind sie im Allgemeinen gutmütig und stets hilfreich, wenn sie gut behandelt werden. Sie werden nur böse und dann auch gefährlich, wenn sie verspottet werden und Undank ernten. Sie selbst bezahlen jeden Dienst und halten ihr Wort.

Sie hüten ihre großen materiellen Schätze mit Eifersucht – man denke nur an den Zwergenkönig Alberich, der den

Nibelungenschatz bewacht. Die Zwergenmännlein sehnen sich, wie in vielen Sagen beschrieben, nach schönen Menschenmädchen. Sie lieben Musik und Tanz und erscheinen bei Festen der Menschen. Sie essen kein Fleisch, nur Fisch, und trinken sehr gern Milch. Sie reden eine eigene Sprache, welche die Menschen nicht verstehen. Man sieht sie meist nachts und am Tage nur um die Mittagsstunde. Sie haben eine Religion, die aber nicht christlich ist, doch hat die spätere Sage auch christliche Zwerge erfunden. In Berggegenden verwandeln sich die altgermanischen Zwerge in kleine Berggeister und Bergmännlein. Namentlich in den Bergwerken selbst spielen sie eine große Rolle. Sie tragen Bergmannstracht und erweisen sich frommen und guten Bergleuten als Freunde. In Bergländern, so auch in der Schweiz, tritt eine weitere Variation der Zwerge in den Almgeisterlein auf. Das sind sehr liebe Geisterchen, die verstiegene Kühe retten und sich stets hilfreich zeigen. Die von der Alm abziehenden Sennen lassen für die Almgeisterlein vorm Winter stets etwas Mundvorrat und Heu zurück.

Wir sind etwas genauer auf die Zwerge eingegangen, weil sie uns inzwischen irgendwie ferner scheinen als die Engel, obwohl sie doch ganz unmittelbar unsere »Mitbewohner« auf der Erde sind und keine Lichtwesen aus der geistigen Welt. Welche Bedeutung haben sie nun für unser Thema? Das bekannte Märchen von den Heinzelmännchen und zahlreiche andere Erzählungen weisen darauf hin: Zwerge können helfen, Wünsche wahr zu machen. Und zwar ganz materielle, handfeste, irdische Wünsche. Dazu ist, den Sagen nach, zweierlei notwendig: Man sollte aufrichtig, schicklich und achtungsvoll darum bitten und den Zwergen auch etwas dafür geben – häufig werden Milch oder Kleidungsstücke genannt. Das erinnert übrigens ein wenig an die Opfergaben, die man Mutter Erde gemacht hat und in manchen Gegenden noch immer macht.

Aufgaben der Zwerge

Wir sind der Ansicht, dass uns die Zwerge, soweit es ihnen möglich ist, vor allem im Garten helfen. Sie beschützen unsere Pflanzen und Tiere und halten negative Energien fern. Man sollte aber niemals vergessen, dass diese kleinen Wesen unsere momentane Energie auffangen und sofort darauf reagieren. Vor einigen Monaten hatte ich (Jutta) einen schlechten Tag mit ein paar Ärgernissen. Noch ganz in diese Energie eingehüllt nahm ich die gewaschene Wäsche aus der Waschmaschine und gab sie in einen Korb. Mit diesem marschierte ich Richtung Garten, um die Wäsche dort aufzuhängen. Dabei übersah ich eine Stiege und konnte gerade noch einen Sturz vermeiden. Das hob meine Stimmung nicht unbedingt. Kurz darauf stolperte ich wirklich und stieß mir den kleinen Zeh (woran, ist mir bis jetzt ein Rätsel) und als Tüpfelchen auf dem i kippte dann noch der Korb um und sämtliche Wäschestücke purzelten auf den Rasen (wie das ging, kann ich auch nicht wirklich erklären). Auf jeden Fall war mir klar, dass ich mit dem Wäscheaufhängen besser noch hätte warten sollen.

Umgekehrt ist es natürlich genauso: Gute Laune und positive Gedanken werden von den Zwergen ebenso aufgefangen und verstärkt. So kann es uns nach dem Aufenthalt im Garten dann noch besser gehen. Wenn Sie sich einmal erkenntlich zeigen möchten für die Hilfe der Zwerge, die sich in Ihrem Umfeld – also in der Wohnung, im Haus und vor allem im Garten – aufhalten, dann eignet sich dafür sehr gut das nachstehende Ritual.

ÜBUNG

Dankritual an die Zwerge

Zur Vorbereitung kaufe ich einen sehr guten Tabak oder hochwertige Pralinen. Ich zünde ein Teelicht an, nehme den Tabak (oder die Pralinen) und streue ihn ringsherum im Garten aus – optimal auch unter Sträucher, Blumen und Bäume. Dabei bedanke ich mich (laut oder leise) bei allen Zwergen, die hier hilfreich und liebevoll am Werk sind. Ich schließe die Augen und stelle mir vor, wie meine kleinen Helfer den Tabak oder die Pralinen annehmen und genießen. Ich setze mich eine Weile in den Garten und entspanne mich. Dann beende ich das Ritual, indem ich mich bei allen geistigen Helfern bedanke und anschließend durch den Garten gehe. Das Teelicht darf still für sich so lange weiterbrennen, bis es von selbst erlischt.

Ich wundere mich absolut nicht, wenn Tabak beziehungsweise Pralinen irgendwann definitiv weg sind. Sie lächeln ja schon wieder! Probieren Sie es aus – ich konnte es beim ersten Mal auch nicht fassen, als die Schokoladenstückchen tatsächlich wie vom Erdboden verschluckt und verschwunden waren. Ich nehme nicht an, dass Igel oder anderes kleines Getier solches Süßwerk ratzeputz auffressen. Tiere wissen ja, was ihnen guttut, und dazu gehören sicherlich nicht Nougat-Schokoladen-Pralinen. Übrigens: Es funktioniert jedes Mal – auch der Tabak verschwindet zur Gänze. Was die Zwerge damit machen? Fragen Sie mich das nicht, ich habe keine Ahnung! Aber ich bin mir hundertprozentig sicher, dass meine kleinen Helferlein ein besonders wachsames Auge auf Tom, Amor, Luna und Lilly (meine vier Katzen) haben, wofür ich ihnen extra noch sehr dankbar bin!

Botschaften und Signale aus der geistigen Welt

Unsere Engel und die Elementarwesen kommunizieren in erster Linie über unsere innere Stimme mit uns, die wir, wenn wir genau hinhören und das auch immer wieder üben, zunehmend klarer und deutlicher wahrnehmen können. Wichtig ist auch, mehr zu vertrauen – uns selbst und auch all den Fähigkeiten, die wir in dieses Leben mitgebracht haben. Das ist anfangs nicht ganz leicht, jedoch kann man auch das lernen, wenn man sich wirklich bemüht und nicht gleich aufgibt. Die Engel haben eine leichte und liebevolle Energie, spielen gern und haben eine Menge Humor. Das äußert sich auch in den Signalen, die wir empfangen. Daher sollten wir nicht alles so tierisch ernst nehmen.

Ich persönlich (Jutta) nehme meinen Engel energetisch wahr, wenn ich zum Beispiel eine positive Energie oder ein seltsames unerklärbares Heben im Solarplexusbereich spüre. Mich überrieselt sozusagen eine Welle von Lebensfreude und Heiterkeit, ich spüre ein inneres Lächeln, eine wunderbare, sehr liebevolle und angenehme Energie. Wenn ich an einem für mich positiven Platz sitze, an dem ich mich wohlfühle und mich entspannen kann, darf ich mithilfe meines Engels alles ganz neu und bewusster wahrnehmen. Das kann an einem schönen Platz in der Natur, aber auch an meinem Arbeitsplatz sein – es sind Momente, die mein Leben heller und schöner machen.

Im Außen erhalten wir eine Menge Botschaften und Signale unserer geistigen Helfer, die sich natürlich immer als positive und hilfreiche Geschenke herausstellen, auch wenn wir sie manchmal nicht als solche erkennen – oder erst einige Zeit später. Nachstehend möchte ich Ihnen von diesbezüglichen persönlichen Erfahrungen erzählen: Zu den eher »kleineren« Engelgeschenken zählt, wenn ich in meinem Garten oder beim Spazierengehen völlig unverhofft eine weiße Vogelfeder finde, die mir mein Engel direkt vor meine Füße gelegt hat. Lächeln Sie nicht – das sind die kleinen Zeichen unserer Engel, mit denen sie uns zeigen, dass sie an unserer Seite sind. Erst wenn wir diese auch wirklich ernst nehmen, können wir uns in weiterer Folge für »größere« oder komplexere Botschaften öffnen.

Mein Engel zeigt mir genau das Buch, das ich für meine seelische oder mentale Entwicklung oder für eine aktuelle Lebensphase gerade brauche. Dieses Buch fällt mir förmlich zu – genau wie die passenden Engelkarten, die ich im Laden um die Ecke zu einem sehr günstigen Preis erwerben kann. Auch das ist ein Engelgeschenk, und ich bedanke mich natürlich auch für diese Hilfe. Es sind die vermeintlich banalen Dinge, die uns helfen, eine stärkere Verbindung zu unseren himmlischen Helfern aufzubauen. Wir sollten diese nicht unterschätzen – denn ein Schritt führt zum nächsten, jede einzelne Erfahrung ist Voraussetzung und Basis für die nächste.

Ein ganz normaler Tag, angefüllt mit Büroarbeit, Terminen, Einkauf und so fort. Immer wieder muss ich an eine sehr liebe Freundin denken – und dann sehe ich noch zweimal während der Heimfahrt Plakate mit ihrem Vornamen, der mir förmlich ins Auge springt. Also rufe ich sie an, als ich zu Hause ankomme. Sie hebt sofort ab und sagt: »Das war jetzt Gedankenübertragung, den ganzen Tag wollte ich dich schon anrufen, weil es mir nicht gutging. Ich bin so froh, dass du dich meldest!« Wer hat mir wohl ihren Namen gezeigt und mich zu diesem Gespräch geführt?

Oft träumen wir von Menschen, die wir schon länger nicht gesehen haben, und begegnen ihnen kurz darauf. Auch das sind Zeichen und Hinweise unserer Engel, die uns auf ein Treffen vorbereiten, eine Seelenverbindung schaffen. Das kann sich auch auf Verstorbene beziehen, die uns in den geistigen Bereich vorangegangen sind. Ich träumte mehrere Nächte von meiner vor Jahren verstorbenen Großmutter, zu der ich eine eher schwierige Beziehung hatte, und fand kurz darauf ihren Rosenkranz, der für sie eine sehr wichtige Erinnerung aus ihrer Kindheit war. Für mich war das ein Hinweis, dass ich hier etwas zu tun oder zu lösen hatte. Und wirklich, kurz darauf meldete sich eine liebe Freundin, die mir bei diesem Thema half. Sie ist eine wunderbare Therapeutin und arbeitet mit Engel-Familien-Aufstellungen. Nach und nach spürte ich, dass ich nur noch liebevolle Gedanken an meine Großmutter hatte, ich konnte jeglichen Groll und Ärger verarbeiten. Und später spürte ich sie während der Zeit meiner Scheidung neben mir, als unterstützende Begleitung.

Schon als Kind träumte ich davon, ein Buch zu schreiben. Natürlich schwebten mir als jungem Mädchen andere Inhalte und Themen vor. Auch hier haben meine Engel wieder einmal ganze Arbeit geleistet und alles perfekt arrangiert, sodass sich dieser Lebenstraum auch tatsächlich erfüllen konnte. Aber lesen Sie selbst: Vor ein paar Jahren machte ich mit meinem Vater einen Ausflug in eine nahe gelegene Stadt, in der er seinen Studienabschluss gemacht hatte. Wir marschierten durch eine kleine Gasse, als ich ein unscheinbares Schild mit der Aufschrift »Hildegard von Bingen Zentrum« entdeckte. Neugierig ging ich durch das große Tor in eine Einfahrt und entdeckte eine Menge Folder, die dort zur freien Entnahme auslagen. Scheinbar wahllos griff ich mir einen, und es lächelte mir eine Dame entgegen, deren spirituelle Arbeit mich immer schon sehr interessiert hatte. Um es kurz zu machen: Die Betreffende hielt einen Vortrag in Salzburg, der ausverkauft war, jedoch machte es der Veranstalter möglich, dass meine Freundin und ich noch Karten bekamen. Der Name des Organisators war Wulfing von Rohr – dank ihm wurde ich ab der ersten Ausgabe über zwei Jahre lang Autorin des *ENGELmagazins*, und Sie halten gerade unser drittes gemeinsames Buch in Ihren Händen. Engel führen uns mit Menschen zusammen, die genau jetzt für uns passen, die uns weiterhelfen können, mit denen eine wunderbare Freundschaft oder Zusammenarbeit entsteht, wenn wir es zulassen und offen für die geistige Hilfe sind.

Noch ein Beispiel? Neulich hatte ich einen Termin bei einer älteren Dame ein ganzes Stück weg von meinem Wohnort. Ich war erst ein einziges Mal bei ihr gewesen, und das lag bereits ein ganzes Jahr zurück. Ich konnte mich an den genauen Weg nicht mehr erinnern und hatte dummerweise auch nicht nachgefragt. Leider hatte ich auch ihre Telefonnummer nicht eingespeichert. Ich hatte also nur eine ungefähre Ahnung von der Richtung, in die ich fahren musste. Ich ersuchte alle Fahrten- und Reiseengel, mir zu helfen und mir den richtigen Weg zu zeigen. Ich wurde innerlich total ruhig und ohne bewusst zu überlegen oder mich zu konzentrieren spürte ich, wie mein Auto wie von selbst den Weg zu meinem Termin fand. Innerhalb weniger Minuten stand ich vor dem richtigen Haus und weiß bis heute nicht, wie ich dort hingekommen bin. Aber es hat funktioniert.

Und genauso geht das auch mit den Parkplatzengeln, mit den Energieengeln (in der Früh, bevor ich mich ins Büro »schleppe«), mit den Gesundheitsengeln (wenn sich ab und zu meine Bandscheibe unangenehm bemerkbar macht) und mit den Finanzengeln (wenn es am Monatsende wieder mal eng wird in meiner Geldbörse). Probieren Sie es einfach aus: Für jeden Bereich gibt es zuständige Engel. Machen Sie keine Wissenschaft daraus, sondern gehen Sie einfach offen und geradewegs auf Ihre himmlischen Helfer zu. Öffnen Sie ihnen Ihr Herz und Ihre Seele, dann werden Sie eine Menge Geschenke, Hinweise, Botschaften und Signale erhalten. Fangen Sie jetzt sofort an, üben Sie – es geht leichter, als Sie denken! Seien Sie neugierig und unkompliziert wie ein Kind, dann nimmt Ihr Engel Sie an der Hand und führt Sie zu unglaublichen und wunderbaren Erfahrungen und Erlebnissen. Öffnen Sie sich spielerisch und neugierig für die Zeichen und Botschaften der Engel, indem Sie Augen und Ohren aufmachen und bewusst und aufmerksam durch Ihren Alltag gehen.

Wulfing erzählte mir vor Monaten ein Erlebnis, das sehr gut hierherpasst und mir nicht umsonst eben jetzt eingefallen ist: Er fuhr mit einer lieben Bekannten durch Salzburg. Im Laufe des Gesprächs stellte die Dame eine Frage an ihn, die er aus dem Stehgreif und ohne astrologische Berechnungen, Engelkarten oder ein anderes Hilfsmittel so nicht beantworten konnte. Also schwieg er vorerst und sah kurz darauf auf einer Werbetafel ein Wort, das genau die Antwort auf die Frage war. Seine Begleitung bedankte sich dafür und wollte schon zu einem anderen Gesprächsthema übergehen, als beide im Radio genau in diesem Moment das gleiche Wort noch einmal hörten, das vorher die Lösung war. Nun lachten beide und bedankten sich bei den Engeln für ihre humorvollen Hinweise und die liebevolle und verständliche Hilfe.

Wenn Sie gleich mit der Praxis-Engel-Arbeit beginnen wollen, dann bietet sich das folgende Ritual an. Mit ihm können Sie eine Verbindung zu Erzengel Gabriel aufbauen. Sie werden seine liebevolle und starke Energie spüren und können sich in seinen weißen Lichtstrahl einhüllen.

ÜBUNG

Wunschritual mit dem Erzengel Gabriel

Ich wähle einen für mich passenden und positiven Platz aus, an dem ich mich so richtig wohlfühle. Ich nehme mir Zeit, um innerlich vollkommen ruhig zu werden, und ersuche Erzengel Gabriel um Hilfe und Unterstützung bei diesem Ritual. Ich bitte ihn darum, mir zu zeigen, was im Moment wichtig ist für mich. Welches Geschenk kann ich mir selbst machen, was brauche ich jetzt am nötigsten? Ich lasse meine Gedanken und Gefühle fließen und nehme mir ausreichend Zeit dafür. Nach und nach zeigt sich ein Bild. Eventuell spüre oder höre ich eine Botschaft. Ich bewahre sie in meinen Gedanken und bedanke mich beim Erzengel Gabriel für seine Hilfe. Ich beende das Ritual und warte ab, was sich in den nächsten drei Tagen zeigt oder wie ich die Antwort des Erzengels Gabriel praktisch umsetzen kann.

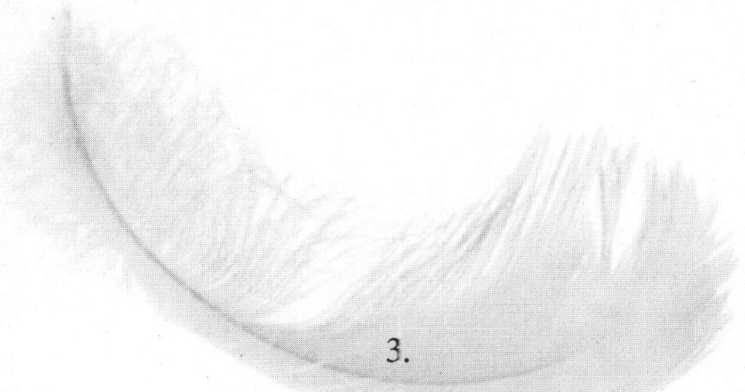

3.

Das Auflösen von Blockaden

Zeichen, Hinweise, Warnungen
Erzengel Michael – Schutzengel –
Meister Buddha – Gnome

Engelfrage

Frage: Wie bemerke ich Zeichen, Hinweise und Warnungen von meinen Engeln?
Antwort: Achte auf Kleinigkeiten in deinem Alltag. Immer wieder wirst du meine Botschaften erkennen und empfangen können, wenn du dich für sie öffnest. Nichts in deinem Alltag geschieht zufällig, vielmehr fällt es dir definitiv zu. Die Botschaften deiner Engel sind Geschenke an dich, und sie freuen sich, wenn du sie wahrnimmst und darauf reagierst. Ärgere dich nicht über einen wie eine Schnecke vor dir dahinschleichenden Autofahrer. Nimm eine an-

dere Perspektive ein. Vielleicht hat ihn dir ja dein Engel geschickt, um dich vor einem Unfall oder einer anderen Gefahr zu schützen. Vielleicht brauchst du genau diese fünf Minuten länger im Auto, um noch deine Gedanken zu ordnen oder einem neuen Impuls zu folgen. Auch der stete Ärger mit der Kollegin hat einen Hintergrund. Unter Umständen ein Lernprogramm, das dich (wenn du es erfolgreich hinter dich gebracht hast) einen großen Schritt weiterbringt. Achte auf Herausforderungen und Prüfungen in deinem Alltag, denn sie sind öfter Mitteilungen aus der geistigen Welt, als du glaubst. Ich bin immer an deiner Seite und führe dich. Vergiss das nicht – ich, dein Schutzengel, bin neben dir! Immer!

Blockaden als Anzeichen für Probleme

Wir sollten uns mit den großen Problemen beschäftigen, solange sie noch klein sind. So lautet eine bekannte Einsicht. Für unser Thema heißt das: Wir sollten Blockaden aufspüren, solange sie noch geringfügig sind.

Hinter allen Blockaden stecken Probleme. Für die meisten Menschen sind Probleme ziemlich unerwünschte Störfaktoren, die ihr Lebensglück, ihre Entfaltung oder ihren Erfolg behindern, alles schwieriger machen oder eben sogar ganz blockieren. Probleme sind aber in Wahrheit großartige Hilfen des Lebens. Denn sie sind Anzeiger für gehemmte Energie und für nicht ausgelebte Kreativität. Alle Probleme weisen uns auf notwendige Entwicklungsschritte hin, sie fordern uns heraus, etwas in unserem Leben oder an uns selbst zu ändern. Vielleicht können Sie sich mit der folgenden Einsicht anfreunden: Wir dürfen getrost davon ausgehen, dass alles – wirklich alles – im Leben passiert, damit wir daran wachsen und uns noch mehr verwirklichen.

Hier drei Ansätze, um Blockaden zu lösen:

1. Ortswechsel: Gehen Sie in einen anderen Raum, gehen Sie hinaus in die Natur, wechseln Sie den Ort. Notfalls sagen Sie, Sie müssten auf die Toilette gehen. Eine physische Veränderung des Ortes hilft, wenn es klemmt. Sie können aber auch geistig einen anderen Ort einnehmen, nämlich zum Beispiel aus der Froschperspektive in den Überblick des Adlers wechseln. Stellen Sie sich vor, dass Sie aus hohen Lüften Ihre Situation und sich selbst darin beobachten. Wie sehen Sie sie jetzt? Welche Alternativen gibt es? Falls Ihnen die Adlerperspektive nicht zusagt, dann vielleicht das Bild: Wo sind Sie? Im Tal im dichten Wald der Blockaden und Probleme steckend, aus dem Sie keinen Weg heraus sehen? Oder gehen Sie auf eine Anhöhe dicht darüber, von wo aus Sie mehrere Wege hinaus erkennen können.

2. Ebenenwechsel: Wenn die Blockade emotional ist, dann wechseln Sie zum Beispiel auf die physische Ebene. Sie können laufen, radfahren, schwimmen, Gymnastik machen oder irgendwie sonst etwas mit dem Körper unternehmen, um die Energien wieder ins Fließen zu bringen. Manchmal hilft es bereits, mehrfach die Dampfkesselatmung zu üben, also tief durch die Nase einzuatmen und gut hörbar durch den Mund »auszuschnaufen«. Das lässt sozusagen Dampf ab.

Wenn die Blockade mentaler Art ist – Ihnen fällt zum Beispiel nichts ein –, dann empfiehlt sich ein Wechsel auf die emotionale, die physische oder die spirituelle Ebene. Auf der emotionalen Ebene ginge es darum, eine schöne Musik zu hören, ein harmonisches Essen mit einem lieben Menschen zu haben oder irgendetwas anderes zu tun, was Ihrem Herzen guttut. Die spirituelle Ebene erreichen Sie durch Gebet, Meditation oder eine erwartungsfreie Innenschau.

3. Zeitwechsel: Sicher können wir die Zeit nicht beliebig vor- oder zurückdrehen. Aber in unserer Imagination geht das durchaus. Also können Sie sich vorstellen, wie Sie das Thema in einer Woche, einem Monat, einem Jahr, zehn Jahren, einhundert Jahren, eintausend Jahren, Millionen von Jahren betrachten werden. Oder auch: Wie wichtig war es vor einem Monat, vor einem Jahr, vor zehn Jahren, vor einhundert Jahren ...? Entscheidend ist, dass Sie aus dem vermeintlichen Gefängnis der Zeit ausbrechen und sich eine andere Perspektive verschaffen.

Die kraftvollen Helfer

Eine Reihe kraftvoller Helfer steht uns mit ihrer Liebe zur Seite, wenn wir Blockaden beseitigen wollen, insbesondere Erzengel Michael, unser Schutzengel, Meister Buddha sowie Gnome und Wichte.

Erzengel Michael

Sein Name bedeutet »Der ist wie Gott.« Erzengel Michael ist sicher der populärste Engel derzeit, sowohl im Christentum als auch in der Esoterik. Michael gilt als der höchste oder zumindest einer der höchsten Erzengel, als »rechte Hand« Gottes und als Richterengel, der laut der Johannes-

Offenbarung auf der Erde ordentlich aufräumt. Und auch das kann ja eine Voraussetzung für Wunschverwirklichung sein – erst einmal klar Schiff zu machen. Nach einer altpersischen Überlieferung gingen aus seinen Tränen, die er über sündige Menschen vergoss, die Cherubimengel hervor. Michael ist »Fürst des Lichtes« und Namenspatron zahlreicher kirchlicher Bauwerke, so zum Beispiel für Mont St. Michel in Frankreich. Es gibt unzählige Michaelskirchen und Papst Pius XII. hat ihn zum Schutzpatron der Polizisten erklärt.

Wir schreiben an dieser Stelle nicht noch mehr über den Erzengel Michael, weil Sie zu ihm in wirklich vielen Büchern ausführlich nachlesen können. Was allerdings in der New-Age-Szene oft über all seine Kräfte gesagt beziehungsweise fabuliert wird, muss man nicht unbedingt glauben.

Wünsche wahr machen

Michael bitten wir beim Thema Wünsche darum zu helfen, geistige Klarheit darüber zu gewinnen, wie unsere Lebenssituation ist, welche Ziele sinnvoll sind und die Erfüllung welcher Wünsche uns an diese Ziele bringt. Oft gehört dazu, dass alte, überholte Muster und Bindungen erst einmal gelöst werden müssen, damit Freiraum für Neues entsteht. Dabei zu helfen ist eine der wichtigsten Fähigkeiten und Aufgaben des Erzengels Michael.

Schutzengel

Jeder Mensch wird von der Geburt (und sogar noch früher) bis zum Tod (und sogar noch darüber hinaus) von einem oder mehreren Lichtwesen persönlich begleitet. Es sind seine Schutzengel, die ihm von der göttlichen Quelle an die Seite gestellt werden. Diese Schutzengel geraten angesichts der vermeintlichen Leichtigkeit, mit der jeder und alle angeblich mit den Erzengeln und aufgestiegenen Meistern zu kommunizieren meinen, leicht in Vergessenheit.

Schutzengel stehen dem Menschen mit bedingungsloser Hingabe beiseite, gleich, was wir denken, fühlen oder tun, gleich wie positiv oder negativ wir sein mögen. Man liest manchmal, dass unsere Schutzengel in dem Maße »aufsteigen«, wie wir erwachen und aufsteigen, sodass sie wirklich ganz eng mit unserem Schicksal und unserer Lebensgestaltung verbunden sind. Hinweise nicht nur auf Engel, sondern ganz speziell auf persönliche Schutzengel finden wir in praktisch allen Religionen.

Schutzengel haben den Auftrag, uns auf unserem Lebens- und Seelenweg zu begleiten, uns zu einer fortlaufenden geistigen Entwicklung zu inspirieren, uns vor Unheil zu beschützen – allerdings können sie das nur insoweit, als wir für feine Impulse offen sind und auf die innere Stimme hören, als wir achtsam und bewusst leben und handeln.

Die spirituelle Lehrerin und Autorin Eva-Maria Ammon* weist – ausdrücklich und unserer Ansicht nach zu Recht – darauf hin, dass es wenig Sinn macht, gleich damit beginnen zu wollen, sich mit Erzengeln und aufgestiegenen Meistern zu befassen und mit ihnen zu kommunizieren, wenn wir nicht zuerst einmal eine aufrichtige, liebevolle Verbindung zu unserem Schutzengel entwickelt haben. Das ist übrigens auch der Grund, warum wir in diesem Buch über Engel und Wunscherfüllung auch andere hilfreiche

* Ihre interessante Webseite ist www.omkara.de.

Wesen nennen, wie beispielsweise die Elementarwesen. Es gibt so viele Wesen, die uns hilfreich zur Seite stehen und um deren Beziehung wir uns bemühen sollten.

Wünsche wahr machen

Unsere Wünsche manifestieren sich leichter und häufiger, wenn wir eine offene und freundschaftliche Verbindung zu unserem Schutzengel aufbauen und pflegen. Auf jeden Fall wird er uns sehr oft vor Ungemach bewahren.

Wenn wir unseren persönlichen Schutzengel sehen dürfen, wird er sich so zeigen, dass wir ihn auch erkennen. Er nimmt dabei die Gestalt an, die uns vertraut ist oder die wir uns (mit unserem kleinen menschlichen Gehirn – also mit unserem begrenzten Verstand, trotzdem aber unbewusst, vorstellen). Typisch für ihn ist, dass er in für uns gefährlichen Situationen wie aus dem Nichts auftaucht und nach Auflösung der Gefahr ebenso rasch wieder verschwindet, wie vom Erdboden verschluckt. Vielleicht sieht man auch seinen »Schatten«, wenn man es mit dem Auto gerade noch schafft, einer Gefahrenquelle auszuweichen. Wahrscheinlich hat das jeder von uns schon einmal erlebt. Man weiß gar nicht, wie das fahrtechnisch funktionieren konnte. Es gibt Unmengen von solchen Situationen und Erlebnissen mit einem »Gerade-noch«. Nehmen Sie sich einmal Zeit, um ein wenig darüber nachzudenken. Es wird Ihnen sicher einiges einfallen.

Wenn wir meinen, es passt nun ganz gut – die Beziehung zum Schutzengel soll ja nach und nach wachsen und nicht mit Druck oder Zwang künstlich forciert werden – können wir ihm auch einen Namen geben, der uns gefällt. Er nimmt ihn gern an, denn er freut sich, wenn er von uns persönlich angesprochen und damit noch mehr in unseren Alltag integriert wird. Das fördert natürlich auch jedes Gespräch mit ihm und wirkt sich positiv auf die Verständigung aus. Ich bin davon überzeugt, dass sich Max (der sehr einfache, aber passende Name für meinen Schutzengel, denn Maximilian wurde von ihm kategorisch abgelehnt) immer wieder freut, von mir in dieser Form angesprochen zu werden. Nach und nach entwickelt sich eine innige und sehr vertraute Beziehung, und auch wenn es anfangs eher ungewöhnlich ist, irgendwann ist es die normalste Sache der Welt, dass wir mit unseren Engeln auf Du und Du sind und Gespräche (laut oder leise) führen. Ich nehme es gern in Kauf, diesbezüglich von einigen Mitmenschen belächelt oder als kautzig angesehen zu werden.

Die folgende Übung zeigt Ihnen, wie ich mich meinen Engeln, hier speziell dem Schutzengel annähere. Wenn Sie dranbleiben und immer wieder »üben«, dann werden Sie ihn bald genauso real neben sich wahrnehmen können und dürfen, wie Sie es früher als Kind vielleicht erfahren haben.

ÜBUNG

Den Schutzengel erspüren

Ich suche mir einen passenden, ruhigen und energetisch starken Platz aus. Dort setze ich mich hin, schließe die Augen, komme innerlich zur Ruhe und höre in mich hinein. Ich spreche meinen Schutzengel mit seinem Namen an. Es reicht, wenn ich gedanklich oder laut den Namen mehrmals wiederhole. Dabei bin ich voll und ganz entspannt und lasse alle störenden Gedanken los. Nach und nach höre, sehe oder spüre ich meinen Engel, ich erkenne ihn an seiner liebevollen Energie. Dabei erinnere ich mich an unbeschwerte Tage in meiner Kindheit zurück, als ich ihn gesehen, mit ihm gespielt habe. Ich bin glücklich, fühle mich leicht und nehme die liebevolle Energie meines Engels in mich auf. Ich öffne die Augen und bedanke mich bei meinem Schutzengel.

Meister Buddha

Buddha – dieser Begriff steht für den historischen Prinzen Gautama, der zur Erleuchtung gelangte. Bekanntlich wurde Buddha Shakyamuni als Siddharta Gautama in der Herrscherfamilie des Skaya-Clans in Nordindien geboren, etwa 500 v. Chr. Der Begriff Buddha bezeichnet aber auch allgemein einen Menschen, der erwacht ist, der Reinheit und Vollkommenheit des Geistes, Weisheit und unbegrenztes Mitgefühl verwirklicht hat. Buddhaschaft bedeutet vor allem, in vollkommener Gelassenheit zu leben, in mitmenschlicher Zuwendung, ohne irgendwelche Wünsche oder Erwartungen.

Im Zentrum der buddhistischen Lehren steht die Erkenntnis der Ursachen von Leiden, Angst und Unzufriedenheit – nämlich unsere irrtümliche Identifizierung und schier unauflösliche Bindung an Ego und Illusionen – sowie die Beendigung der Ursachen von Leiden mit Hilfe des achtfachen Pfades, der zu rechtem Denken und rechtem Handeln führt, zu Achtsamkeit und Mitgefühl, ohne Mitleiden.

Nachdem der Buddhismus in Indien, seiner Heimat, praktisch erloschen war, wurde er insbesondere in Tibet, aber auch in Sri Lanka und einigen anderen südostasiatischen Ländern weitergepflegt.

Wünsche wahr machen

Wir können uns Buddhaschaft, also ein erwachtes Leben, als Vorbild in Erinnerung rufen und selbst aktiv etwas für unser eigenes Erwachen tun, indem wir auch uns selbst und unseren Wünschen und Erwartungen gegenüber eine Haltung der Gelassenheit einnehmen. Insofern ist die Buddhakraft eine der wesentlichen Hilfen zur Wunscherfüllung. Mit ihr können wir die Zwanghaftigkeit – auch eine Blockierung – auflösen, dieses oder jenes um alles in der Welt erreichen oder haben zu müssen. Mit Buddha bitten wir also nicht eine externe Instanz, ein von uns getrenntes Licht- oder Elementarwesen um etwas, sondern wir nehmen ganz klar und entschieden Eigenverantwortung an und gehen in die Selbstermächtigung des immer deutlicheren Erwachens.

Kurz gesagt: Wo kein Ich ist, ist auch kein Wunsch-Ich. Dort gibt es weder Leid noch Lust, weder Angst noch Sorge, sondern nur gelassenes, achtsames und anteilnehmendes Sein.

Es kann Ihnen guttun, eine kleine Buddha-Statue aus Holz oder einem anderen Material in Ihrem Wohnbereich aufzustellen. Wie schon erwähnt ist er ein Symbol für Eigenverantwortung, Gelassenheit, aber auch das Fließen und Fließenlassen. Das betrifft alle Bereiche, in denen es mal hakt, beispielsweise auch unsere Finanzen. Es funktioniert wirklich. Bei mir im Wohnzimmer sitzt solch ein kleiner runder lächelnder Buddha, und jedes Mal, wenn ich ihn anschaue, fange ich ein wenig von seinem inneren Frieden auf, den er wirklich fühlbar auf mich ausstrahlt. Er ist als Symbol zu sehen, das seine Wirkung hat und immer stärker entfaltet, wenn man es zulässt. Wenn man sich ernsthaft damit beschäftigt, wird man in der Folge genau wissen, was man wirklich braucht und worauf man eigentlich verzichten kann.

Gnome und Wichtel

Gutartige Gnome beziehungsweise Wichtel sind Hausgeister. Dass man zwischen Heinzelmännchen als den guten Hausgeistern und Wichtelmännern als vielleicht eher listigen Vertretern, die allerlei Schabernack treiben, unterscheiden möchte, können wir nicht ganz nachvollziehen. Denn jedes Wesen kann, wenn es missachtet oder schlecht behandelt wird, auch einmal eine weniger angenehme Seite zeigen. In der Weihnachtszeit gibt es den schönen Brauch des Wichtelns, des anonymen Verschenkens kleiner Dinge an andere Menschen – sicher steht das in Bezug zu den freundlichen Zügen der Wichtel.

Der bedeutende Heiler und Forscher Paracelsus spricht von Gnomen als Elementarwesen, die Erd- oder Berggeister sind und damit direkt mit einem bestimmten Teil der Erde zu tun haben. Gnome sind ein anderes Volk als Zwerge. Wir haben bei Wikipedia die folgende Unterscheidung gefunden: »Zwerge weisen im Gegensatz zu den schalkhaften Gnomen nur ernsthafte Züge auf.«

Typische Zeichen der Anwesenheit von Wichteln sind, dass Dinge im Haushalt eine Zeit lang zu verschwinden scheinen, dass sie an anderen Stellen auftauchen, als wir sie abgelegt haben, und dergleichen mehr. Gnome machen sich unter Umständen bei Wanderungen in der freien Natur bemerkbar, wenn wir über eine Baumwurzel stolpern oder Ähnliches.

Wünsche wahr machen

Ähnlich wie die Zwerge sind Gnome und Wichtel hilfreich, um ganz irdische Dinge zu lösen – materielle Probleme, Wohnungs- oder Hausschwierigkeiten, Dinge bezüglich der Balkonpflanzen oder im Garten.

Wie alle Elementarwesen lieben es auch die Gnome, wenn wir sie bewusst in unser Umfeld integrieren. Im Frühling, Sommer und Herbst sind sie gern in unserem Garten oder in der freien Natur. Natürlich halten sie sich auch gern auf dem Balkon, bei allen unseren Pflanzen und auch Tieren auf. Wenn die Tage kälter werden, ziehen sie es jedoch vor, es sich in unseren Wohnungen oder Häusern gemütlich zu machen. Wenn Sie ihnen dabei bewusst ein Zuhause anbieten möchten, dann schlage ich Ihnen vor, ein sogenanntes Gnomi-Eck zu gestalten. Sie wählen dazu eine Ecke in einem Raum aus, die Ihnen als passend, geschützt und geborgen erscheint. Und dann ist Ihrer Fantasie keine Grenze gesetzt. Sie können Tannenzapfen, Moos oder andere schöne Naturmaterialen als Boden und Unterlage nehmen, ein paar Steine, Muscheln und Ähnliches dort platzieren und schließlich Wichtel und Gnome darauf verteilen, wie es sie in den meisten Geschenkläden zu erwerben gibt. Natürlich dürfen auch Zwerge und Feen dabei sein.

Diese Hausgeister fühlen sich miteinander und nebeneinander sehr wohl, je mehr, desto besser. Außerdem lieben sie Kerzenlicht und gute Düfte. Vor allem zu Weihnachten sind sie in ihrem Element. Wenn Sie diese Ecke gut hinbekommen, können Sie davon ausgehen, dass Sie von Ihren Hausgeistern liebevoll unterstützt und gefördert werden, wo immer diese es dürfen oder können. Im Frühling kann dann die ganze Gesellschaft wieder in den Garten oder auf den Balkon übersiedeln. Sollte beides nicht vorhanden sein, dann können Sie das Gnomi-Eck mit Zweigen, Blüten und anderen saisonalen Naturgeschenken schmücken – so bietet es Ihren Freunden eben ganzjährig ein Zuhause. Leben Sie Ihre Fantasie und Ihre Kreativität – das lieben Ihre kleinen Helfer!

Wie auch die Engel kann man die Wichtel direkt ansprechen, umso schneller werden sie reagieren. Wie gesagt, den Gnomen sitzt der Schalk im Nacken, sie sind jedoch nicht bösartig oder rachsüchtig. Wenn Ihre Schlüssel verschwinden, steckt auch hier wieder eine Botschaft dahinter. Vielleicht wäre ja eine kleine Pause angebracht – einmal kurz die Beine hochlegen oder ein kurzes Nickerchen? Ärgern Sie sich nicht, sondern spüren Sie in sich hinein, dann werden Sie auch diese kleinen Wesen wahrnehmen und verstehen lernen. Sie werden die Schlüssel wieder auftauchen lassen – genau dann nämlich, wenn Sie wieder fit genug sind, um Ihren Alltagswahnsinn weiterzuleben. Wenn Sie sich ärgern, wird es länger dauern, bis Sie Ihre Schlüssel finden. Diese Helfer werden aber auch auf Ihr Kind aufpassen, wenn es die ersten Schritte macht, und Ihre Katze auf dem Balkon beaufsichtigen. Das zaubert wieder ein Lächeln auf Ihr Gesicht? Wunderbar.

Botschaften der Engel und Helfer wahrnehmen

Botschaften und Signale empfangen wir über das, was wir in unserem näheren Umfeld hören, sehen oder anders wahrnehmen. Es sind Bestätigungen von außen. Zum Beispiel werden uns Dinge immer wieder zugetragen – in den verschiedensten Formen, auf einem Plakat, im Kino, eine Freundin spricht es aus und so weiter. Da gibt es unendlich viele Möglichkeiten.

Zeichen

Wenn uns der Schutzengel ein Zeichen schickt, dann weist er sanft auf etwas hin, und das auch oft mehrmals. Die Zeichen meiner Engel (Jutta) sind oft eingehüllt in eine spielerische und leichte Energie, die mich beflügelt, mir etwas bestätigt oder auch einen liebevollen Impuls gibt.

Hierzu ein Beispiel: Vor ein paar Jahren stand ein Autokauf an. Ich wusste genau, was ich wollte – vom Autotyp bis hin zur Farbe. Also stellte ich mir dieses Auto in einem tollen Blau, nämlich Blitzblau, vor und wollte es genau so bestellen. Nur gab es diese Ausführung leider nicht in Blitzblau. Ich war enttäuscht. Als ich noch überlegte, welche Farbe ich stattdessen auswählen sollte, spürte ich einen inneren Impuls, meinen Blick an die Decke des Autohauses zu richten. Genau über mir schwebte eine Karton-Ausfertigung meines kleinen Autos in einem sehr schönen Rot. Sofort war mir klar, dass nur diese Farbe in Frage kam, und ich sagte das dem Verkäufer. Als er mir die Details dazu dann vorlas, erfuhr ich so nebenbei, dass mein kleiner neuer Flitzer in »luziferroten« Lack gehüllt sein würde. Natürlich wurde das sogleich nach Lieferung in das Rot des Erzengels Uriel umgeändert: Den offiziellen Marketingnamen der Autofarbe habe ich für mein Auto und mich in »urielrot« umgetauft.

Und dann musste das Auto ja auch noch umgemeldet werden, sprich ich bekam ein anderes KFZ-Kennzeichen. Mein Versicherungsvertreter fragte mich, ob ich einen diesbezüglichen Wunsch hätte. Spontan verneinte ich und übergab es meinem Engel, für das passende Autokennzeichen zu sorgen. Ich machte mir auch gar keine Gedanken, war aber schon neugierig. Und da stand es nun, mein funkelnagelneues rotes Auto, und wie war sein Kennzeichen? Natürlich genau passend für diese Lebensphase: Es war eine Kombination von meinem Geburtsdatum und dem meines damaligen Partners. Ich musste lächeln und bedankte mich für dieses perfekte Arrangement.

Hinweise

Hinweise sind schon eine stärkere Botschaft der Engel und fühlen sich auch entsprechend an. Die Energie ist um einiges stärker, nicht mehr so spielerisch, und man hat eher das Gefühl, einen Schubs oder unter Umständen auch einen sanften Tritt zu bekommen. Meistens senden uns die Engel einen Hinweis, wenn wir zu schnell, zu langsam oder nicht in der passenden Richtung unterwegs sind. Das äußert sich bei mir zum Beispiel in der Form, dass ich mir öfter hintereinander das Knie immer an der gleichen Stelle anschlage – mit blauen Flecken als Folge. Hinweise sind kleinere Einschränkungen und unliebsame Vorkommnisse, wie grippale Infekte (»Eine Pause wäre ganz gut, scheinbar habe ich mich überfordert.«), ein Schnupfen (»Wovon habe ich die Nase voll?«), Stolpern oder Knieschmerzen (»Bin ich auf dem richtigen Weg?«), Rückenprobleme (»Habe ich mir etwas Unpassendes aufgeladen?«). Es gibt eine Unmenge von Hinweisen, die jeder für sich ganz gut erkennen kann, wenn er es nur zulässt und sich auch damit befasst. Oft bekommt man ohnehin eine Pause »verordnet«, in der man sich damit auseinandersetzen und die Botschaft der Engel erkennen kann.

Warnungen

In weiterer Folge – wenn wir auch die Hinweise ignorieren und in alter Manier »weiterwursteln«, ohne darauf zu achten oder etwas zu ändern – bleibt unseren Engeln nichts anderes übrig, als uns zu warnen. Aus Ischiasbeschwerden wird ein Bandscheibenvorfall. Das habe ich selbst erlebt und bekam eine dreiwöchige Auszeit, die ich dazu nutzte, mich erstmals so richtig mit mir und meinem Alltag zu beschäftigen, alles zu analysieren, wobei ich wirklich zu erstaunlichen und überraschenden Erkenntnissen kam. In der Folge achtete ich auch bewusster auf meinen Körper und gab ihm mehr Aufmerksamkeit. Man glaubt nicht, was drei Wochen Liegen und Ruhe geben so alles bewirken.

Vor einigen Jahren verbrannte ich mich eines Tags mit kochendem Wasser am Oberschenkel, und zwar dritten Grades. Nicht gerade angenehm, aber es war eine der positivsten Engelerlebnisse überhaupt, die ich bisher erleben durfte. So ruhig und ausgeglichen, richtiggehend geborgen habe ich mich nie zuvor gefühlt. Es blieben auch keine Narben zurück, weder seelisch noch körperlich (was vor allem mein Hausarzt mit perplexem Staunen zur Kenntnis nahm).

Warnungen zeigen sich in komplexeren Krankheiten, auch mit Krankenhausaufenthalten, oder in bereits gröberen Unfällen, denn sie dienen dazu, uns zu zeigen, dass wir wirklich gegen unsere Seele leben und absolut unpassend unterwegs sind. Man sollte so etwas als eine Art Notbremsung ansehen, bevor noch Ärgeres geschieht. Und wir dürfen nicht vergessen: Das alles machen wir uns selbst, also sind Schuldzuweisungen an unseren Schutzengel (auch wenn er unseren Ärger versteht) mehr als ungerecht. Man sollte vielmehr hinterfragen, was in Zukunft zu ändern ist, damit wieder mehr Ausgewogenheit und Harmonie auf allen drei Ebenen (Körper, Geist und Seele) gelebt werden kann.

Vielleicht braucht man ja solche Pausen auch, um über etwas Konkretes nachzudenken, sich darüber klar zu werden oder etwas abzuschließen, was so nicht mehr passt. Wie schon erwähnt, betrifft es Themen, bei denen uns vor allem der wunderbare und starke Erzengel Michael mit seinem blauen Lichtstrahl und seinem Schwert unterstützt, wenn wir ihn darum bitten. Das geht natürlich auch mit einem Engelritual.

ÜBUNG

Wunschritual für Erzengel Michael

Ich ersuche den Erzengel Michael mit diesem Ritual um Hilfe und Unterstützung: Ich zünde eine Kerze an, schließe die Augen und komme innerlich vollkommen zur Ruhe. Ich wünsche mir vom Erzengel Michael, dass er etwas Bestimmtes in meinem Leben vollkommen auflöst (eine Krankheit, eine Belastung, eine Blockade, ein bestimmtes Thema). Ich sehe vor meinem inneren Auge, wie sich dieser Bereich durch den blauen Lichtstrahl und das Schwert des Erzengels Michael auflöst, verflüchtigt. Nach und nach fühle ich mich erleichtert, befreit, schwebend. Ich genieße dieses Gefühl und nehme es ganz in mir auf, um es dann in meinem Alltag leben zu können. Ich öffne die Augen, bedanke mich beim Erzengel Michael für seine Hilfe und lösche die Kerze.

4.

Richtig wünschen für die Partnerschaft

Gibt es den idealen Partner überhaupt?
Erzengel Chamuel – Meisterin Maria

Engelfrage

Frage: Worauf sollte ich beim Thema Wünsche und Partnerschaft vorrangig achten?
Antwort: Als Erstes solltest du es schaffen, mit dir selbst eine harmonische Partnerschaft zu leben, mit Eigenliebe und Toleranz. Erst danach wird eine liebevolle Basis mit einem (zukünftigen) Partner oder einer Partnerin möglich sein. Achte darauf, vergangene Partnerschaften vollkommen abzuschließen. Solange du noch Reste daraus und Altlasten mit dir herumschleppst, werden sich gewisse Themen und Muster in der aktuellen (oder zukünftigen) Partnerschaft neuerlich zeigen oder wiederholen. Zwischen

zwei Beziehungen solltest du eine Pause machen und allein für dich bleiben, zu dir kommen, dich mit dir selbst wohlfühlen. Erst wenn du das gelernt hast, kannst du auch einen anderen Menschen voll und ganz zu dir lassen, ihn liebevoll an- und so nehmen, wie er ist. Stell deinen Partner nicht auf ein Podest und projiziere nicht deine Wünsche und Vorstellungen in ihn. Er/sie wird diese nicht erfüllen können, und Enttäuschungen sind vorprogrammiert. Achte auf ein ausgewogenes Geben und Nehmen. Behandle deinen Partner so, wie du es von ihm auch dir gegenüber erwartest. Strebe danach, dass sich nicht nur eure Körper, sondern auch Geist und Seele miteinander verbinden. Wenn du all das beachtest und ihr euch beide bemüht, kann sich eure Beziehung auf allen Ebenen positiv entwickeln.

Ideale Partner – Seelenpartner

Wer sucht nicht nach *dem* Seelenpartner, nach *der* Seelenpartnerin? Es schwirren ja eine ganze Menge von Begriffen in der esoterischen Szene herum, die allesamt suggerieren, dass es den idealen Partner gäbe, die perfekte Beziehung, die vollkommene Liebe. Da ist von Dual- oder Zwillingsseelen die Rede, von karmischen Lebensgefährten, Wunschpartnern und Komplementärseelen – eben von der einen oder anderen Art von Seelenpartnern.

Aus unserer Sicht möchten wir feststellen: Alle Menschen, denen wir in diesem Leben begegnen, sind »Seelenpartner«. Jene Menschen, mit denen wir häufigere Kontakte und engere Beziehungen pflegen, sind eben nähere Seelenpartner. Menschen, mit denen wir ganz unmittelbar unser Leben teilen, sind unsere nächsten Seelenpartner. Das sind

Eltern, Geschwister, Verwandte und Freunde. Dazu gehören Liebespartner und »Seelenverwandte« oder »Wahlverwandtschaften«. Diesen Begriff hatte Goethe als Titel seines bedeutenden Romans gewählt, er bezeichnet die Anziehung und Abstoßung von Elementen in der Natur, hier übertragen auf die Beziehungen unter den Menschen. Sicher haben Sie das auch schon in Ihrem eigenen Leben erfahren: Es gibt Menschen, mit denen man wie von selbst und ganz natürlich »auf einer Wellenlänge« ist. Man versteht sich, ist sich sympathisch. Auch diese Menschen sind Seelenpartner.

Und nun das große Aber: Ideale Partnerschaft gibt es vielleicht im Märchen, in Mythen und ganz, ganz selten vielleicht sogar »im wirklichen Leben«. Die Lebenswirklichkeit der meisten von uns sieht allerdings völlig anders aus: Beziehungen sind fast immer schwierig (nachdem die ersten Hoch-Zeiten vorüber sind). Und dann neigen wir dazu zu überlegen, ob es nicht irgendwo anders den idealen Partner gäbe. Weil im Alltag zwischen uns und dem bisherigen Seelenpartner halt doch zu viele Hindernisse auftauchen, zu viele Ent-Täuschungen zu verkraften sind ... Aber das ist häufig eine Illusion. Denn die gleichen Themen werden in ähnlicher Weise auch in neuen Beziehungen immer wieder auftauchen.

Ein ganz anderes Erleben der Dinge macht diese Einsicht möglich: Alles ist stimmig in der gesamten Schöpfung. Das bedeutet nun nicht, dass wir nichts verändern sollten, dass wir nicht etwas besser und schöner gestalten könnten. Diese Einsicht meint jedoch, dass wir zunächst einmal davon ausgehen dürfen, dass alles folgerichtig ist und damit stimmig so, wie es jetzt ist. Dabei dürfen wir uns selbstverständlich für Klarheit und Selbstermächtigung öffnen, und auf bewusst freundschaftlichen Wegen Veränderungen einleiten und durchführen.

Der amerikanische Psychologe Chuck Spezzano hat in seiner Arbeit der »Psychologie der Vision« und in seinen zahlreichen Büchern (zum Beispiel *Wenn es fesselt, ist es keine Freiheit* und *Zwei Herzen im Einklang*) immer wieder einmal eine Methode beschrieben, wie man die Frage nach dem »Seelenpartner« angehen kann. Auch ich (Jutta) wende das – wie in der folgenden Übung beschrieben – an.

ÜBUNG

Seelenpartnerschaft?

Wenn ich herausfinden möchte, ob ein anderer mein »wahrer« Partner ist, dann nehme ich ihn ganz in meinem Herzen auf, ich nehme ihn vollkommen an. Ich öffne mein Herz liebevoll und ohne Vorbehalte für diesen Menschen als meinen wahren Partner. Das tue ich zwei Wochen lang als eine Art Meditation. Jedoch wird in den meisten Fällen bereits nach fünf bis zehn Tagen etwas geschehen. Ich muss sonst nichts tun, weder häufiger anrufen noch ihn mehr besuchen oder eine spezielle Sache unternehmen. Ich nehme diesen Menschen einfach vorbehaltlos in meinem Herzen auf.

Wenn dieser Mensch mein wahrer Partner ist, dann wird er von sich aus auf mich zugehen, und unsere Partnerschaft wird sich auf eine neue, innigere Ebene hin entwickeln. Falls dieser Mensch indes (aktuell) nicht mein wahrer Partner ist – entweder, weil wir wirklich keinen gemeinsamen Weg (mehr) vor uns haben oder er etwas ganz anderes will oder ich selbst in der Tiefe etwas anderes vorhabe – dann wird sich in dieser kurzen Zeit etwas ergeben, das die Beziehung auf eine freundschaftliche Art und Weise löst. Vielleicht muss der andere berufsbedingt umziehen, oder er oder ich lernen einen anderen Menschen für einen gemeinsamen Weg kennen. Irgendetwas Klärendes wird geschehen.

Probieren Sie es aus. Es kostet nichts, Sie haben keinen großen Aufwand damit – aber Sie geben Ihrem Herzen die Chance einer Klärung. Und wenn gar nichts passiert? Nun gut, dann hat es bei Ihnen (noch) nicht geklappt, dann ist dieser Weg für Sie nicht stimmig, zumindest derzeit nicht. Bekanntlich wirkt nicht alles immer und überall.

Die kraftvollen Helfer

Auch zu diesem Thema haben wir Helfer zur Seite, die nur darauf warten, dass wir sie um ihre aktive Einmischung bitten. Es sind speziell der Erzengel Chamuel und die Meisterin Maria.

Erzengel Chamuel

»Der Gott sucht«, so die Entsprechung seines Namens. Nach Eliphas Levi soll Chamuel göttliche Gerechtigkeit personifizieren. Im Okkultismus gilt er als Herrscher des Planeten Mars. Der Engelforscher Davidson schreibt, er sei »einer der sieben Engel, die in der Gegenwart Gottes stehen«. Zusammen mit Erzengel Gabriel soll er Jesus in Gethsemane durch die Verheißung der Auferstehung gestärkt haben.

Chamuel hilft uns, die Wahrheit in unseren Beziehungen zu suchen. Er leitet uns an, unsere Partnerschaften auf der Grundlage von Aufrichtigkeit und Echtheit zu leben. Dazu bedarf es allemal einer guten, und das heißt hier sowohl klaren als auch ausdrücklich einfühlsam-liebevollen Kommunikation.

Erzengel Chamuel hilft, mit solchen Themen leichter umzugehen: Partnerschaft und Liebe, Beziehungen aller Arten, Nähe und Harmonie. Bei Spannungen oder Missverständnissen, Dreiecksverhältnissen oder anderen Partnerschaftssorgen wirken sich seine lichten Schwingungen positiv aus – man muss sich natürlich auch darauf einstellen, darum bitten und sich öffnen.

Wünsche wahr machen

Chamuel bitten wir darum, uns zu helfen, die Wahrheit in unseren Beziehungen zu finden und diese Wahrheit liebevoll, zumindest jedoch freundschaftlich und mitmenschlich zu leben.

Die Liebe ist die Basis und sie steht über allem – das könnte Chamuels Motto sein. Er ist für alle Beziehungen zuständig und natürlich auch jede Form und Art von Partnerschaft, die wir leben. Das betrifft auch die Partnerschaft mit uns selbst, mit einem Kollegen, der Mutter, der Schwester, dem Nachbarn und so weiter. Wenn wir ihn um seine Hilfe bitten, hüllt er uns und die andere Person in seinen rosa Lichtstrahl, den wir als sehr liebevoll und angenehm empfinden. Diesen Lichtstrahl dürfen wir uns selbst auch vorstellen und jeden Menschen, mit dem wir eine Lernaufgabe zu erfüllen haben (mit dem es also ein kleineres oder größeres Ärgernis, Problem oder Ähnliches gibt), darin einhüllen.

Je öfter wir die folgende kleine Engelübung machen, umso schneller und stärker werden wir ihre positive Auswirkung sehen oder spüren können. Ab und an, vor allem bei »schwierigen Fällen«, ist es nötig, sie mehrmals zu machen. Kleinere Disharmonien werden sich klarerweise leichter und schneller auflösen, als wenn man sich zum Beispiel mit dem Thema Mobbing herumschlagen muss. Je liebevoller unsere Gedanken, Worte und Gefühle den rosa Lichtstrahl begleiten, umso mehr kann uns dieser wunderbare Erzengel unter die Arme greifen, und das aktuelle Problem darf sich sozusagen in Luft auflösen.

Der Erzengel Chamuel ist wie alle anderen Engel auch mit einer Menge Humor und Leichtigkeit ausgestattet. Auch er lächelt gern und freut sich, wenn wir zurücklächeln und nicht nur Punkt für Punkt unsere Pflichten erfüllen. Vielleicht zaubert das nachstehende Ritual wieder ein kleines Lächeln in Ihr Gesicht?

ÜBUNG

Wunschritual Erzengel Chamuel

Ich ersuche den Erzengel Chamuel, bei diesem Ritual neben mir zu sein, zünde eine Kerze an und schließe die Augen. Ich stelle mir vor, dass ich unter der rosa Lichtdusche des Erzengels Chamuel stehe. Das Licht ist warm und angenehm, und ich fühle, wie mich Liebe umfließt und einhüllt. Alles in mir atmet diese Liebe ein, meine Seele und mein Geist öffnen sich für diese wunderbare und liebevolle Energie, ebenso mein Körper. Ich vergesse Zeit und Raum und lasse mich im Innen und Außen so richtig aufladen.

Wenn ich das Gefühl habe, dass es mir wirklich gutgeht, öffne ich die Augen, bedanke mich beim Erzengel Chamuel für sein Geschenk und beende das Ritual, indem ich die Kerze lösche.

Vor einigen Jahren tauchte immer wieder meine (Juttas) erste große Liebe in meinem Kopf auf, machte es sich dort gemütlich und dachte nicht daran, wieder aus meinen Gedanken zu gehen. Ich bekam diesen Mann über Wochen einfach nicht aus meinen Sinnen. Nach erfolglosen Versuchen des Verdrängens wurde mir bewusst, dass ich mich mit diesem Thema befassen musste. Außerdem hatte ich ihn auf ein Podest gestellt, und dieses Idealbild wollte sich einfach nicht auflösen.

Ich bat also den Erzengel Chamuel und alle hilfreichen Partnerschaftsengel darum, eine Begegnung mit ihm zu arrangieren. Dazu muss ich sagen, dass ich den Betreffenden schon seit Jahren nicht mehr gesehen hatte und er inzwischen gut hundert Kilometer entfernt in einer anderen Stadt lebte. Ich übergab dieses Thema also den zuständigen Engeln und bemühte mich, es anschließend loszulassen. Drei Tage später, als ich gerade durch die Fußgängerzone meiner Heimatstadt ging, kam er mir entgegen! Hand in Hand mit seiner hochschwangeren Frau. Ich sah ihn an, wir tauschten einen kurzen Gruß und gingen aneinander vorbei, ohne stehen zu bleiben. Er war von da ab für mich ein ganz normaler Mann, der inzwischen etwas älter und graumeliert geworden war. Ich spürte, dass jegliche Verbindung durch diese kurze Begegnung vollkommen aufgelöst war, und bedankte mich am Abend sehr herzlich beim Erzengel Chamuel und allen anderen Engeln.

Meisterin Maria

In der katholischen Kirche wird Maria bekanntlich als »Königin der Engel« anerkannt. Viele, vor allem barocke Darstellungen zeigen ihre Krönung zur Himmelskönigin durch Gott-Vater und Gott-Sohn, umschwärmt von Engeln. Die Mutter Jesu wird in einigen nicht offiziell anerkannten Schriften auch selbst als Engel bezeichnet. Maria in ihren vielfältigen Aspekten, wie Diana, die Mutter der Natur, Sophia, die Weltseele, aber auch antike Vorläuferinnen wie Astarte und Isis, ist ganz sicher die liebevolle Lichtmeisterin und segensreiche Schöpfungsmutter, die das Herz vieler Menschen am allermeisten anzusprechen vermag. Denken wir nur an die Marienerscheinungen des 20. Jahrhunderts in Fatima, Medjugorje und zahlreichen anderen Orten.

Maria ist die »Anlaufstelle« im Himmel, an die wir am leichtesten unsere Fürbitten richten können. Sie ist die geistige Mutter und Seelenhelferin, zu der wir ganz unverstellt und mit kindlichem Gemüt oder wie zu einer Freundin gehen können, der wir unser Herz ausschütten dürfen, ohne bewertet oder gar verurteilt zu werden. Sie nimmt uns an, ob wir von tiefem Schmerz erfüllt sind oder voller Sorgen und Kümmernisse, ob wir Angst vor dem Leben allgemein oder Furcht vor speziellen Dingen in uns tragen.

Wenn wir in Beziehungsfragen zu ihr kommen, wird Maria keine »Partnerschaftszusammenführungen« oder »Partnerschaftstrennungen« vornehmen. Sie wird niemals manipulativen Motiven Vorschub leisten. Maria wird vielmehr helfen, dass wir die gesamte Situation im Licht der Liebe und der Ebenbürtigkeit betrachten können. Sie hilft, Achtung vor sich und anderen (wieder) aufzubauen und aus einem natürlichen Selbstwert heraus zu denken, zu fühlen, zu sprechen und zu handeln.

Themen der Meisterin Maria sind bedingungslose Liebe (das bedeutet nicht »Blödheit« oder Wegschauen bei Fehlern, sondern liebevolle Anleitung, sie künftig nicht mehr zu machen), Verzeihen, Annehmen, Geborgenheit, Mütterlichkeit, Reinheit (und das heißt eben nicht Asexualität, wie manche Kirchenvertreter uns glauben machen wollen!).

Meisterin Maria soll nach Jeanne Ruland und anderen bereits in Lemurien und Atlantis inkarniert gewesen sein. Sophia, die Weltseele und Weisheit Gottes, der »weibliche Heilige Geist«, soll in ihr wirken. Und auch zu den griechischen und römischen Göttinnen Artemis und Diana besteht eine unverkennbare Verwandtschaft. Diese ist am offensichtlichsten zur ägyptischen Göttin Isis, die ihren Sohn Horus genau auf die gleiche Weise im Arm hält, wie spätere christliche Darstellungen Maria und Jesus zeigen. Moses kam aus Ägypten, wo er eine Art Hohepriester war; Maria, Josef und Jesus flohen nach Ägypten, um den Häschern des Königs Herodes zu entgehen. In Maria verkörpert sich auf christliche Weise eine hohe, vielleicht sogar göttliche Meisterin.

Wünsche wahr machen

Im Bezug auf Partnerschaftsthemen, Liebeskummer, Beziehungsprobleme und dergleichen werden die meisten feststellen können, dass wir bereits eine Beruhigung und Linderung erfahren, wenn wir nur an Maria denken und natürlich viel mehr, wenn wir Maria in einem kleinen Gebet ansprechen. Ein sehr schlichtes könnte lauten: »Liebe Maria, ich habe Sorgen wegen meiner Beziehung mit ... (Name der anderen Person). Bitte hilf mir, im Licht der Liebe gut damit umzugehen. Bitte segne ... (die andere Person) und bitte segne mich. Danke.«

Dann verweilen Sie noch eine kurze Zeit bei sich und spüren einfach, wie vermutlich schon jetzt eine feine Welle der Ruhe und des Segens bemerkbar wird.

Zum Thema Maria hier noch das schöne Gedicht von Novalis:

Ich sehe dich in tausend Bildern,
Maria, lieblich ausgedrückt,
Doch keins von allen kann dich schildern,
Wie meine Seele dich erblickt.

Ich weiß nur, dass der Welt Getümmel
Seitdem mir wie ein Traum verweht
Und ein unnennbar süßer Himmel
Mir ewig im Gemüte steht.

Dualseelen

Irgendwann (der Zeitpunkt ist nicht wichtig) hat sich unsere Seele geteilt. Der zweite Teil ist jeweils das Gegenstück zu uns. Wenn ich also im derzeitigen Leben eine Frau bin, so ist mein anderer Seelenanteil derzeit männlich unterwegs, jedoch zumeist nicht auf der Erde, sondern in einer anderen Daseinsform. Das kann ein anderer Planet oder der geistige Bereich und vieles mehr sein, da gibt es unvorstellbar viele Möglichkeiten. Sollte man in diesem Leben mit dem Dualseelen-Partner zusammenkommen, wird man ihn auf jeden Fall sofort erkennen. Es ist eine sehr starke, um nicht zu sagen, magnetische Anziehungskraft spürbar.

Wer jedoch glaubt, das sei nun die Lösung für alle Partnerschafts- und Beziehungsproblematiken und die ideale, wunderbare und nur glückliche Beziehung, der irrt leider zumeist gewaltig. Ab und zu gibt es natürlich auch das, aber nur als sehr seltene Ausnahme. Zumeist sind die Partnerschaften mit der Dualseele sehr schwierig, da sich unser zweiter Teil oft in eine andere Richtung oder in einem anderen Tempo weiterentwickelt hat.

Mir persönlich ist nur ein Ehepaar bekannt, das die Partnerschaft in dieses Leben als wirkliches Geschenk mitbekam oder mitgenommen hat. Sie sehen sich beide sehr ähnlich, beinahe wie Geschwister, was mit den Jahren noch stärker wird. Eine harmonische Beziehung und unglaublich viele Gemeinsamkeiten machen diese Ehe aus. Die Herausforderungen des Alltags mit einer Arztpraxis und vier gemeinsamen Kindern haben beide sehr gut hinbekommen, was natürlich eine Weiterentwicklung auf beiden Seiten erforderte. Aber wie gesagt: Dieses Pärchen ist eine Ausnahme, und bevor jetzt etwa Neid in uns entsteht – auch diese beiden haben ihre Themen und Belastungen mit den genau passenden Lernaufgaben und Lebensbereichen.

Seelenpartner und Seelenfamilien

Wir haben schon festgestellt, dass es in unserem Leben zumindest mehrere Seelenpartner gibt, also Menschen, mit denen unsere Seele positiv verbunden ist und die an unserer Seite gehen. Diese Begleitung kann sich auf ein kleines Stück beziehen – dann dauert die Verbindung vielleicht ein, zwei Jahre –, es kann aber auch über unser gesamtes Erdendasein andauern. Oft kennen wir diese Menschen bereits aus früheren Leben, haben schon Erfahrungen und eine gute Basis ins heutige Dasein mitgenommen. Es ist nicht wichtig nachzuforschen, wie lange und woher wir diese Seelenverbindung haben, sondern vielmehr, was wir jetzt in diesem Moment und jeden Tag aufs Neue daraus machen.

Es sei noch kurz angemerkt, dass es eine Unmenge von verschiedenen Seelenfamilien gibt; jede umfasst in etwa eintausend Seelen. Wenn wir nun auf eine Seele aus der eigenen Seelenfamilie treffen, dann stellt sich sofort eine vertrauensvolle Verbundenheit ein. Sie kennen das sicher. Es sind diese wunderbaren Begegnungen, aus denen wir neue Kraft und Zuversicht schöpfen können. Die Seelen erkennen sich sofort, und wir dürfen solche Menschen an unserer Seite als Geschenke annehmen. Man braucht nicht viele Worte, versteht sich auf Anhieb und fasst sofort Zutrauen. Das kennzeichnet diese Seelenverbindungen.

Auf der anderen Seite gibt es natürlich auch einige Seelen aus fremden – oder besser ausgedrückt: uns noch unbekannten – Seelenfamilien, die wir auf unserem Lebensweg treffen und mit denen wir mehr oder weniger zu tun haben. Hier liegen dann die wirklichen Lernprogramme und Herausforderungen, die kleinen und größeren Steine auf unserem Weg. Fassungs- und verständnislos stehen wir oft gewissen Reaktionen und Verhaltensweisen solcher Menschen gegenüber und verstehen überhaupt nichts mehr.

Da wir jedoch dazulernen und uns weiterentwickeln wollen, haben wir (wer sonst?) uns das auch genauso vorgenommen und brauchen genau diese Seelen, um den nächsten Schritt gehen zu können. Partnerschaften solcher Art sind oft geprägt davon, dass man aneinander vorbeiredet, beide unterschiedliche Interessen haben, entgegengesetzte Meinungen vertreten und sich emotional und als Mensch vom anderen nicht angenommen fühlen. Wenn man es jedoch schafft, eine gemeinsame liebevolle Basis zu finden mit gegenseitigem Verständnis, Toleranz und Offenheit, dann wird auch diese »Nuss« zu knacken beziehungsweise ein erfolgreiches Miteinander möglich sein. Der Erzengel Chamuel kann uns verstärkt dabei unterstützen.

Als eine liebe Freundin vor etwa siebenundzwanzig Jahren ihren jetzigen Ehemann kennenlernte, war sie sofort und absolut fasziniert von diesem männlichen Prachtexemplar. Dass sie ihn meistens nicht verstand, weder seine Gedankengänge noch seine Vorstellungen, und er aus einer ganz anderen Welt kam als sie, verstärkte die Anziehungskraft auf beiden Seiten noch. Was soll ich Ihnen erzählen? Sie können es sich schon denken, oder?

Zwei Welten prallten aufeinander und es war eine mehr als schwierige Beziehung, die da gelebt wurde. Aber die beiden waren äußerst zäh und gaben nicht auf. Viel Gemeinsames gab es nicht, und oft gestalteten sich auch die Gespräche sehr mühsam, jedoch sie schafften es trotzdem. Mit viel Geduld, Ausdauer und einer Menge Beziehungsarbeit auf beiden Seiten wurde ein positives und liebevolles Fundament gelegt, auf dem weiter aufgebaut werden konnte. Heuer feierte dieses Paar die silberne Hochzeit, sie sind also seit fünfundzwanzig Jahren verheiratet.

Aber auch wenn sich die Seelen von früher her kennen und aus der gleichen Seelenfamilie stammen, ist eine problemlose Partnerschaft ganz und gar nicht vorprogrammiert, wie das folgende Beispiel zeigt: Frau trifft Mann, sie sehen sich in die Augen und es funkt sofort. Also die berühmte »Liebe auf den ersten Blick«. Es entsteht innerhalb kürzester Zeit eine unglaubliche Vertrautheit und beide schweben auf Wolke sieben. Anfangs zumindest, in etwa die ersten drei bis sechs Monate. In weiterer Folge kristallisieren sich in dieser Beziehung ebenso wie in jeder anderen die eine oder andere Unstimmigkeit, Meinungsverschiedenheit und einige handfeste Probleme heraus. Warum? Na, das ist doch ganz klar!

Irgendwann in einem früheren Leben hatten die beiden bereits eine Beziehung. Das muss gar nicht als Ehe- oder Liebespartner gewesen sein. Möglich wäre auch Bruder/Schwester, Vater/Tochter, Mutter/Sohn, Oma/Enkel und so weiter. Einige ungelöste Themen wurden in dieses Leben mitgebracht und wollen von diesen zwei Seelen miteinander weiterbearbeitet und im besten Falle während des gemeinsamen Weges gelöst werden. In unserem Fall entwickelte sich diese Beziehung zu einer extrem schwierigen.

Denn anfangs hatte er Bindungsängste, flüchtete unbewusst vor ihr und zog sich immer wieder zurück, später (als er endlich so weit war und sich zu ihr voll und ganz bekennen wollte), hatte sich bei ihr die Gefühls- und Beziehungsebene verändert beziehungsweise verflüchtigt. Ein schwieriges Programm, das für beide mit herben Ent-Täuschungen und einer doch eher bitteren Erfahrung endete.

Aber auf länger hin wird sowohl ihm als auch ihr diese Lernaufgabe trotzdem helfen. Denn das nächste Mal, wenn dieser Mann und diese Frau zusammenkommen, kann es schon wieder ganz anders sein und es könnte sich dann eine positive innige Partnerschaft verwirklichen. Beide haben die Vorbereitung dafür gut hinbekommen. Sie ließ sich von Anfang an auf diese Beziehung ein, musste sich in Geduld üben und auf ihn warten. Er war es ihr wert. Er auf der anderen Seite hatte eine Menge alter Ängste zu überwinden, das schaffte er, zwar scheinbar zu spät, aber immerhin gelang es. Sie bekamen es dann letztendlich hin, eine eher neutrale Basis zu schaffen, dann trennten sich ihre Wege in diesem Leben, aber: Fortsetzung folgt bestimmt!

Wir sollten nicht vergessen, dass wir immer gerade jetzt den Partner haben, mit und von dem wir in dieser Lebensphase am meisten lernen können. Das klingt sehr nüchtern und simpel, bewahrheitet sich aber tatsächlich auf einen längeren Zeitraum hin. Immer wieder sitzt mir bei einer Beratung eine verzweifelte Frau gegenüber und fragt sich, warum sie ständig einen Partner anzieht, der trinkt, nicht beziehungsfähig ist oder Ähnliches.

Erst wenn wir das »Lernprogramm« einer Partnerschaft erfolgreich hinter uns gebracht haben, sind wir einen Schritt weiter und können uns danach weiteren partnerschaftlichen Herausforderungen, also der nächsten Partnerschaft inklusive der etwas anderen Aufgabe dort stellen. Und wenn es gar nicht klappt, sollten wir uns fragen: »Passt der von mir im Kopf zurechtgelegte und idealisierte Partner überhaupt zu mir? Oder überwiegen die sachlichen, rationalen (also die vom Verstand erschaffenen und scheinbar triftigen) Gründe?«

Wenn wir unsere derzeitige Partnerschaft verbessern wollen, weil wir damit nicht zufrieden sind, ist es sicherlich der unpassendste Weg, beim Partner anzufangen. Wir können nur bei uns selbst anfangen und eigenverantwortlich handeln, um etwas zu bewegen. Vielleicht hilft Ihnen ja die nächste Übung?

ÜBUNG

Wunschübung für eine bessere Beziehung mit meinem derzeitigen Partner

Ich nehme ein Blatt Papier und einen Stift zur Hand, schließe die Augen und lasse Grundzüge meiner derzeitigen Beziehung vor meinem geistigen Auge auftauchen. Ich frage mich: Was stört mich daran, was hätte ich gern anders, was wünsche ich mir jetzt und für die Zukunft? Was soll sich in eine positivere Richtung entwickeln?

Ich öffne die Augen und schreibe alles auf, was mir dazu einfällt. Dabei achte ich darauf, nicht nur Änderungen bezüglich meines Partners zu notieren, sondern auch Themen und Bereiche aufzuschreiben, die mich selbst betreffen. Wenn ich meine, dass nun alles auf diesem Blatt Papier steht (und dafür nehme ich mir viel Ruhe und noch mehr Zeit), lege ich es an einen besonderen Platz. Ich lasse es drei Tage dort »ruhen«, ebenso meine Gedanken zu diesem Thema. Am vierten Tag lese ich mir alles Punkt für Punkt konzentriert und langsam durch, nehme eventuelle Korrekturen vor und schließe wieder die Augen.

Ich stelle mir vor, dass mein Partner und ich Hand in Hand nebeneinanderstehen, eingehüllt in die liebevolle Energie des Erzengels Chamuel, in seinen rosa Lichtstrahl. Wir lächeln, sind glücklich und alles ist wunderbar einfach und positiv. Alles ist gut.

Die Übung lässt sich einmal pro Monat über drei Monate hin wiederholen, dann schaut man, was passiert ist. Ein wenig Dranbleiben und Geduld ist natürlich schon notwendig, damit sich auf länger hin auch wirklich etwas bewegen kann.

Wenn Sie momentan keinen Partner an Ihrer Seite haben, jedoch gern einen neben sich hätten, dann könnten Sie mit der nachstehenden Übung beginnen.

ÜBUNG

Wunschübung für den passenden neuen Partner

Ich nehme ein Blatt Papier und einen Stift zur Hand, schließe die Augen und stelle mir meinen idealen und passenden Partner bildlich vor meinem geistigen Auge vor. Wie soll er aussehen, welche Eigenschaften soll er haben? Was soll uns verbinden, wo liegen Gemeinsamkeiten? Was will ich auf keinen Fall, wo gibt es Kompromisse?

Ich öffne die Augen und schreibe alles auf, was mir dazu einfällt. Dabei achte ich darauf, nicht nur Wünsche bezüglich meines Partners zu notieren, sondern auch Themen und Bereiche aufzuschreiben, die ich in diese Beziehung einbringen kann – also alles, was ich bereit bin zu geben. Wenn ich meine, dass nun alles auf diesem Blatt Papier steht (und dafür nehme ich mir viel Ruhe und noch mehr Zeit), lege ich es an einen besonderen Platz. Ich lasse es drei Tage dort »ruhen«, ebenso meine Gedanken zu diesem Thema. Am vierten Tag lese ich mir alles Punkt für Punkt konzentriert und langsam durch, nehme vielleicht Korrekturen vor und schließe wieder die Augen.

Ich stelle mir vor, dass mein neuer Partner und ich Hand in Hand nebeneinanderstehen, eingehüllt in die liebevolle Energie des Erzengels Chamuel, in seinen rosa Lichtstrahl. Wir lächeln, sind glücklich und alles ist wunderbar einfach und positiv. Alles ist gut. Die Liebe trägt uns. Ich bedanke mich – und warte ab.

Partnerschaft ist kein Muss

Nicht alle von uns (und vielleicht gehören doch mehr Menschen dazu, als man denkt – zumindest trifft es für die Autoren zu) haben sich in diesem Leben vorgenommen, die ideale und lebenslange Partnerschaft zu leben. Das erklärt oftmals, warum dies nicht möglich ist, warum der eine oder andere ständig »nur« Lebensabschnittspartner an der Seite hat beziehungsweise eine ideale Lebensgemeinschaft bisher nicht erfahren konnte. Wie wir ja wissen, gibt es ja die verschiedensten Typen von Menschen. Nicht jeder ist für eine enge Partnerschaft geeignet, viele brauchen Rückzugsgebiete und immer wieder Zeit und Platz für sich selbst. Nach der Engel-Numerologie sind das oft Menschen mit der Lebenszahl 1. Für viele sind Freunde, Gruppen, Kollegen oder auch Familienmitglieder wichtiger und passender als ein bestimmter Mensch über das ganze Leben.

Es gibt Menschen, für die der Beruf über allem steht, der Erfolg und ihre Ziele. Auch das ist nicht zu verurteilen. Es ist besser, man sucht dann nicht krampfhaft nach einer engen Beziehung, die in der Folge zum Scheitern verurteilt ist – besser ausgedrückt: die sich so nicht verwirklichen lässt –, sondern nimmt das selbst gewählte Lebensprogramm mit all seinen Begleiterscheinungen und Inhalten an und macht das Beste daraus. Ein liebevolles Umfeld und ein positiver Freundeskreis sind auch nicht zu verachten. Und sie entwickeln sich manches Mal um einiges schöner, als eine Ehe oder Partnerschaft, in der man sich alleingelassen und unverstanden fühlt.

Das nur von uns als kleiner Gedankenanstoß. Wenn Sie also den Traumpartner beziehungsweise die Traumfrau noch immer nicht gefunden haben, dann nehmen Sie sich einmal die Zeit und hinterfragen Sie, ob sie oder er überhaupt in Ihren Lebensplan und Alltag passen würde.

5.

Lebensunterhalt

Arbeit und Alltag und unser relativ freier Wille
Erzengel Haniel – Erdenengel Gaia

Engelfrage

Frage: Wie unterbreche ich das »Hamsterrad« oder besser: alle negativen Muster, die ich in Bezug auf meinen Erwerb des Lebensunterhalts habe?
Antwort: Höre gut in dich hinein (die Engelbotschaft kommt immer über deine Intuition) und akzeptiere Hilfen und Verbesserungen im Außen. Geh aus der Opferrolle heraus und übernimm die volle Verantwortung für diesbezügliche Themen und Ziele. Werde dir bewusst, was du in deinem Job verbessern oder erreichen willst, und arbeite gezielt darauf hin. Geh davon aus, dass du genau das auch erreichst und schaffst, was dir deine innere Stimme sagt. Unterbrich jeden Tag das Hamsterrad, indem du eine Pause einschaltest und sie nur für dich nutzt. Jede Woche solltest du dir einen

Nachmittag nehmen, den du nur für dich verwendest (ohne Hausarbeit, Erledigungen und dergleichen). Und schließlich solltest du dir jeden Monat einen ganzen Tag allein für dich nehmen und dir erlauben, diesen voll und ganz zu genießen, zum Beispiel in der Natur oder indem du deine Kreativität und Spiritualität lebst, zu dir findest, dich wieder spürst. Jeden Abend kannst du den aktuellen Tag vor deinem geistigen Auge ablaufen lassen und dich fragen: Was war positiv bei meiner Arbeit, was nicht? Was kann ich ändern, wo kann ich mich abgrenzen oder etwas verbessern? Wenn du dir das merkst oder aufschreibst und konsequent weitermachst, wird sich im Laufe einiger Wochen ganz sicher einiges zum Positiven hin verändern. Richte dich auf und mach den ersten Schritt, lass dich nicht unterkriegen, mach dich nicht kleiner, als du bist! Der Erzengel Haniel hilft dir. Ersuche ihn täglich um Unterstützung bei Arbeit und Alltag.

Arbeit

In diesem Abschnitt geht es nicht in erster Linie um Geld, dazu lesen Sie etwas im nächsten Kapitel. Wir wollen an dieser Stelle auf das Thema Arbeit eingehen. Arbeit als Alltag und als notwendiger, aber auch würdiger Teil unseres Lebens. Es ist ja klar, dass die meisten von uns für den Lebensunterhalt arbeiten müssen. Und häufig genug macht uns unsere Arbeit leider keine Freude (mehr), wir fühlen uns demotiviert, ausgelaugt ...

Allerdings: Wer trägt dafür eine Verantwortung, zumindest doch in einem gerüttelten Maß? In wessen Macht steht es, daran etwas zu ändern? Betrachten wir uns selbst nicht häufig als Opfer? Dann müssten wir uns doch auch an der eigenen Nase fassen, nicht wahr? Es hat sich eine Unkultur eingeschlichen, unter dem Modewort Mobbing alle Unbilden am Arbeitsplatz auf andere abzuschieben. Bitte missverstehen Sie uns nicht: Ja, es gibt Mobbing. Aber echtes Mobbing ist viel seltener, als darüber allgemein gejammert wird. Und erneut: Wer kann wohl etwas daran ändern, wenn bei der Arbeit etwas »nicht passt«? Eindeutig sind wir selbst am besten qualifiziert und am stärksten motiviert, Dinge zu ändern, die uns betreffen. Zwei Wege bieten sich an: eine neue Sichtweise und ein anderes Verhalten.

Neue Sichtweisen

Stellen Sie sich vor, wir gehen in einen Garten. Womit verbringen wir dort die meiste Zeit – damit, die duftenden Blumen zu bewundern und uns an der Schönheit des Gartens zu erfreuen – oder damit, unsere Nase wiederholt in den Kompost oder Misthaufen zu stecken? Es soll hier nichts schöngeredet oder unter den Teppich gekehrt werden. Ja, es gibt unschöne und unzuträgliche Dinge am Arbeitsplatz, für fast alle Menschen und das immer wieder. Aber – und das ist ein großes Aber – wie viel Aufmerksamkeit wenden wir dem zu, wie sehr beschäftigen wir uns mit dem, was nicht passt? Und tun wir das konstruktiv, lösungsorientiert, oder jammern und klagen wir hauptsächlich? In den meisten Fällen kommen wir voran, wenn wir Stärken nutzen, Schritte vorwärts machen, positive Akzente setzen, etwas voranbringen. Versuchen Sie es einmal mit einem der Autosuggestionssätze von Émile Coué: »Es geht mir jeden Tag in jeder Hinsicht immer besser und besser.«

Sie kennen vermutlich die Geschichte von den drei Arbeitern im Mittelalter. Alle drei Männer hocken am Boden und behauen mühselig Feldsteine. Einer nach dem anderen wird von einem Wanderer gefragt, »Was machst du?« Der erste antwortet erschöpft: »Ich klopfe Steine«, der zweite meint resigniert: »Ich muss das Brot für meine Familie verdienen« (oder vielleicht sagt er auch zufrieden: »Ich verdiene das Brot für meine Familie«), und der dritte sagt stolz: »Ich helfe, eine Kirche zur Ehre Gottes zu bauen!«

Entdecken wir alle neu die Würde von Arbeit im Alltag, die einerseits dem eigenen notwendigen Lebensunterhalt dient und zugleich jedoch auch anderen Menschen einen echten Dienst erweist.

- Wenn wir im Verkauf tätig sind: Wir helfen anderen, das zu finden, was sie suchen und möchten.
- Wenn wir im Büro arbeiten: Wir leisten einen wichtigen Beitrag, damit Informationen von hier nach dort gelangen.
- Wenn wir im Gesundheitswesen tätig sind: Wir helfen Menschen, gesund zu werden und ihr Leben bewusster zu führen.
- Wenn wir in der Produktion arbeiten: Wir stellen Dinge her, die andere Menschen brauchen oder sich wünschen.

Würde und Selbstwert entstehen dann in einer kraftvollen Weise, wenn wir anderen Menschen für ihre Arbeit, ihre Hilfen und Beiträge aufrichtig danken. Und wenn wir Dank, der uns erreicht, offenen Herzens annehmen. Im letzten Kapitel gehen wir auf Danken und Segnen noch einmal näher ein.

Denken Sie an Ihren Lebensunterhalt, Ihre Arbeit, Ihren »Job« und schreiben Sie sich mindestens fünf Dinge auf, die für Sie und andere Menschen nützlich sind und durch Ihre Leistung erst entstehen.

Selbstermächtigung erwächst aus Selbstwert. Und Selbstwert entsteht, wenn wir aufhören, uns selbst niederzumachen (und auch nicht annehmen, dass andere das tun – wir können ja auf Durchzug schalten) und wenn wir an die Stelle negativer oder unnützer Gedanken und Gefühle positive, erfreuliche, Hoffnung machende setzen.

Neue Verhaltensweisen

Fragen Sie sich bei Problemen: Wie kann ich das Beste aus der Situation machen? Fragen Sie sich zudem: Bin ich offen und entschlossen, eigene Schritte vorwärtszumachen? Bin ich bereit, ein klärendes Gespräch zu führen oder – wenn das nichts fruchtet – mich nach anderen Möglichkeiten umzusehen?

Es ist wichtig, dass wir nicht wie das sprichwörtliche Kaninchen vor der Schlange in Schreckstarre verharren, sondern beweglich bleiben und selbst etwas unternehmen. Sicher kennen Sie das bereits erwähnte Sprichwort: »Hilf dir selbst, dann hilft dir Gott.« Es ist ein Kreuz, aber wir können daran nichts ändern: In den allermeisten Fällen gehören eigenes Tun und himmlischer Segen unauflösbar zusammen. Und man weiß nie, ob das eigene Bemühen die Gnade des Himmels herabruft, oder ob der Impuls, eigene Schritte zu unternehmen, nicht bereits ein Segen der geistigen Welt ist. In diesem Sinne also: Ergeben Sie sich nicht in ein Schicksal, indem Sie sich als Opfer fühlen, sondern machen Sie kleine nächste Schritte, um Alternativen und Auswege aus einem Dilemma zu finden. Die Engel werden Sie dabei begleiten und stärken.

Die kraftvollen Helfer

Für den Bereich von Arbeit und Lebensunterhalt insbesondere zuständig sind Erzengel Haniel und die Kraft, die wir mit Gaia bezeichnen. Im weitesten Sinne ist das das Geistwesen, das hinter der Erde steht, etwa so, wie auch die Sonne, der Mond und die Planeten jeweils Geistwesen als Träger der äußeren Form und ihrer Aufgaben im Kosmos haben. Manche meinen mit Gaia auch eine aufgestiegene Meisterin, die ähnliche Eigenschaften wie »Mutter Erde« in sich verkörpert.

Erzengel Haniel

Der Name bedeutet »Herrlichkeit Gottes« beziehungsweise »Gnade Gottes« oder auch »der Gott sieht«. Dieser Engel wird oft dem Monat Dezember zugeordnet und gilt dann als Regent des Tierkreiszeichens Steinbock. Er soll den Patriarchen Enoch beziehungsweise Henoch (von dem manche meinen, er sei zu Metatron geworden), in den Himmel emporgetragen haben (siehe Genesis 5, 24). Haniel wird bisweilen auch mit der chaldäischen Göttin Ishtar beziehungsweise mit Astarte verglichen, der Regentin der Venus, und dann als Schutz gegen das Böse angerufen.

Der Erzengel Haniel, wie viele andere auch, tröstet uns und vermittelt uns neue Zuversicht. Aber noch wichtiger: Er erinnert uns an unsere göttliche Seelenquelle, an unsere wahre Größe als Gotteskinder und an unsere meist noch gar nicht recht genutzten Fähigkeiten. Er bekräftigt die Botschaft, die vermutlich schon längst eine Alltagspraxis für Sie ist, dass sich nämlich die Manifestation des eigenen

Potenzials nicht gegen andere Menschen richten oder sich als Kampf darstellen darf, sondern sich als ein harmonisches Sicheinlassen auf die kreativen Möglichkeiten zeigt, die wir durch Selbstermächtigung und Eigenverantwortung entfalten.

Wünsche wahr machen

Dankbarkeit für das, was ist, Beharrlichkeit bei der Erledigung von Aufgaben, die jetzt da sind, und geduldige hoffnungsfrohe Pflege der eigenen Ziele helfen, diese eines Tages auch zu erreichen.

Engelbotschaft des Erzengel Haniel

Wenn du unglücklich bist bei deiner Arbeit und das Gefühl hast, du wirst gemobbt, dann öffne dich genau für diese Menschen, die dich zu quälen scheinen. Das ist eine Prüfung und eine schwierige Aufgabe, wir wissen das, aber du wirst es schaffen. Schau den Menschen in die Augen, sprich sie an, öffne dein Herz für die Liebe und das Licht von Jesus, Maria und allen Engeln, die dir bei diesem Thema helfen können. Lass diese Liebe zu deinen Kollegen fließen, die dir (scheinbar oder wirklich) schaden wollen. Hülle sie in einen Mantel von Licht und lächle trotzdem. Bei jedem Lächeln geht es dir besser. Bleib offen und ehrlich, sprich aus, was dich bewegt. Aber wäge ab, wann und bei wem. Lass dir helfen, wenn sich Hilfe anbietet. Wenn das auf länger hin auch nichts ändert und du noch immer unglücklich bist, dann sende einen Wunsch aus, dass sich ein anderer Arbeitsplatz für dich ergibt und zeigt. Stelle ihn dir vor, bildlich vor deinem geistigen Auge, sprich darüber, schau und höre dich um. Du wirst es schaffen, dass du die passende Arbeit findest und wieder zufrieden bist. Erlaube es dir, wir helfen dir dabei. Du bist nicht allein! Wir sind da für dich.

In Zeiten der Überbeanspruchung und Überforderung durch Ihre Arbeit gibt es ein Ritual, das Ihnen helfen wird, dass Sie sich wieder schneller erholen können.

Wunschritual mit Erzengel Haniel

Vor dem Schlafen ersuche ich den Erzengel Haniel um Hilfe und Unterstützung. Ich entspanne mich vollkommen und lasse mich fallen, ich spüre den Erzengel Haniel und seine liebevolle Energie. Ich ersuche ihn, mir zu zeigen, was ich tun kann, um wieder in meiner Kraft zu sein und mich wohlzufühlen. Nach und nach zeigt sich ein Bild oder mir fällt etwas ein, das ich nutzen kann, damit es mir wieder besser geht. Vielleicht kann ich auch etwas delegieren (möglicherweise gibt es ja meine persönlichen Helfer, die mir Arbeit und Mühen abnehmen können und dürfen und ich hab sie bisher einfach übersehen), vielleicht taucht auch ein Name oder ein Gesicht auf. Ich lasse das alles zu.

Ich bedanke mich beim Erzengel Haniel für seine Hilfe und schlafe ein.

Ich mache dieses Ritual drei Abende hintereinander und erwarte in den Tagen darauf die Antworten im Außen, also im Alltag, bei meiner Arbeit. Es wird sich etwas tun, etwas zum Positiven hin verändern, und ich lasse das zu.

Erdenengel Gaia

Manche in der Esoterik- und New-Age-Bewegung nennen sie gern »Lady Gaia«, was eine aufgestiegene Meisterin nahelegen würde. Andere bezeichnen sie als die Seele der Erde. In der griechischen Mythologie ist Gaia die personifizierte Erde und eine der ersten Göttinnen oder sogar die erste überhaupt. Von ihr stammen die Titanen ab, die Ahnen der olympischen Götter, und deren Widersacher, die Giganten und Typhon. Gaia ist sowohl die Mutter des personifizierten Himmels Uranos als auch des Meeres Pontos. Der Name geht vermutlich auf ein altes indogermanisches Wort für »Gebärerin« zurück. Der griechische Dichter Homer *(Odyssee, Illias)* besingt Gaia in Hymnen als segenspendende Mutter. Insgesamt ist es sicher richtig, wenn man sie als die »Muttergöttin« schlechthin bezeichnet. In unserem Zusammenhang aber ist vielleicht der Begriff »Erdenengel« stimmig.

Die Naturwissenschaftler Lynn Margulis und James Lovelock haben Mitte der 1960er-Jahre die sogenannte Gaia-Hypothese entwickelt. Das ist nun immerhin ein halbes Jahrhundert her. Diese Hypothese betrachtete die Erde für die damalige Zeit ganz neu, nicht mehr als mehr oder weniger zufällige Ansammlung von Materieteilchen. Sie sieht die Erde und ihre gesamte Biosphäre als ein eigenständiges Lebewesen. Erde und Biosphäre, also die Gesamtheit aller Organismen, schaffen und erhalten Bedingungen, die nicht nur Leben, sondern auch die Evolution von komplexeren Organismen ermöglichen. Die Erdoberfläche bildet in dieser Betrachtungsweise ein dynamisches System, das die gesamte Biosphäre durch bestimmte Rückkopplungsmechanismen stabilisiert. Aus dieser Gaia-Hypothese hat sich auch unter eher mechanistisch denkenden Zeitgenossen eine ganzheitlichere Sicht der Erde und des menschlichen Tuns entwickelt.

Wünsche wahr machen

Sind unsere Wünsche in Übereinstimmung mit der Erde, der Natur, der gesamten Schöpfung? Dann werden sie sich erfüllen. Oder sollten wir sie vielleicht neu überlegen und umformulieren?

Gaia und die Prioritäten in unserem Leben

Gaia hilft uns, Prioritäten im Leben zu erkennen, und holt uns immer wieder auf die Erde zurück, wenn wir abzuheben drohen. Daher dürfen wir uns mit ihrer Energie auch immer wieder mit Mutter Erde verbinden und unsere Wurzeln spüren. Das ist wichtig, um »am Boden zu bleiben« und zu erkennen, was wirklich wichtig ist in unserem Alltag, aber auch um nicht ständig in Arbeit und Aktivitäten zu flüchten.

Diese Botschaft ist sowohl für Workaholics als auch für alle, die meinen, nur in ständiger Reizüberflutung wirklich existieren und gut arbeiten zu können. Immer mehr Menschen halten völlige Ruhe einfach nicht mehr aus, sie flüchten vor sich selbst, den eigenen Gedanken, Gefühlen und allem anderen, was so von innen heraus an die Oberfläche kommen will. Auf länger hin ist es dann nicht verwunderlich, dass Burnout oder andere psychische Krankheiten auftreten, wenn die Seele weitgehend isoliert ist und weder wahrgenommen noch beachtet wird. Wen wundert es, dass eine Menge neuer Urlaubsarten, von Tagen im Kloster über Wohlfühlurlaube bis hin zu Wellness-Oasen, Einkehrtagen, Selbstfindung auf dem Jakobsweg und vieles mehr, angeboten und auch dementsprechend von erschöpften und ausgelaugten Menschen angenommen wird.

Es geht aber auch kostengünstiger und einfacher (wenn man es so will). Man könnte zum Beispiel ein Ritual mit der griechischen Göttin der Erde und Tochter des Chaos, also Gaia machen. Sie hat das Thema Chaos hinbekommen und kann auch uns helfen, Ordnung in unsere Gedanken und somit auch in unseren Arbeitsbereich zu bringen.

Erfahrungen aus der Arbeitswelt

Meinen ersten Job hatte ich (Jutta) als Sekretärin in einer Immobilienfirma. Ich fühlte mich sehr wohl in diesem Büro, und es war genau die Arbeit, die ich mir immer vorgestellt hatte. Leider ging die Firma nach mehr als einem Jahr in Konkurs und ich musste mir eine neue Arbeitsstelle suchen. Nach erfolgreich bestandener Aufnahmeprüfung fing ich vor nunmehr dreißig Jahren in einer Sozialversicherung als Schreibkraft an. Es war eine große Umstellung, die Arbeit gefiel mir aber trotzdem ganz gut.

Nach einigen Monaten wurde ich in den Sachbearbeiterbereich versetzt, was hieß, dass ich Akten bearbeiten musste, was mit Zahlen und Gesetzen zu tun hatte. Das war absolut nicht mein Gebiet und ich war von Tag zu Tag unglücklicher auf diesem Posten. Als ich nicht mehr schlafen konnte und jeden Tag mit einem extremen Druck aufwachte, ging ich zum Direktor und schilderte ihm meine Lage. Dazu brauchte ich allen Mut, den ich in mir hatte, denn ich war sehr jung und ich wusste, dass ich hier weder Offenheit noch Verständnis für mein Problem erwarten konnte. So war es dann auch. Mein oberster Chef konnte sich nicht vorstellen, dass man solch eine Chance nicht nutzen konnte oder wollte, und führte mir klar vor Augen, dass es für mich keine andere Möglichkeit gäbe als diese Arbeit weiterzumachen. Es gäbe keinen anderen Posten für mich.

Ich schlug ihm aus einem Impuls heraus vor, mich wieder auf meinen vorherigen Arbeitsplatz zu setzen und weiterhin als Schreibkraft arbeiten zu lassen. Er war verblüfft und meinte, dazu sei ich überqualifiziert (da ich Abitur hatte) und ich hätte in Zukunft keine Aufstiegschancen in der Sozialversicherung. Das war für mich okay, und ich kam wieder auf meinen vorherigen Arbeitsplatz. Natürlich verstanden das einige Kollegen und Kolleginnen überhaupt nicht, aber mir ging es wieder gut. Ich freute mich auf meine Arbeit und auf länger hin gab es sehr wohl Aufstiegschancen, dazu aber später.

Als nach einigen Jahren meine Tochter auf die Welt kam, konnte ich meinen Job auch halbtags, nämlich mit zwanzig Wochenstunden machen, was als Sachbearbeiterin so nicht möglich gewesen wäre. Im Nachhinein gesehen war es damals die absolut richtige Entscheidung, die ich wirklich aus dem Bauch heraus getroffen hatte und auch gar nicht anders hätte treffen können.

Einige Jahre später wurde ich wieder versetzt, diesmal in einen ganz anderen Aufgabenbereich. An und für sich passte dieser sehr gut für mich, jedoch war er mit Unmengen von Zahlen-Eingaben verbunden, was mir nach einigen Monaten körperliche Beschwerden im Schulter- und Nackenbereich verursachte. Das war natürlich nicht toll, wenn man jeden Tag mit Schmerzen bei der Arbeit sitzt und sich in der Freizeit kaum bewegen kann.

Also ging ich zum Physiotherapeuten, und mit dessen Hilfe und einigen Übungen ging es bald besser, war aber auch nicht ideal. Also übergab ich dieses Problem dem Erzengel Haniel (dem »Arbeits-Erzengel«) und bat ihn, mir zu helfen, es zum passenden Zeitpunkt zu lösen.

Ab sofort hatte ich eine andere Sichtweise und machte die Arbeit mit einer inneren Freude und Leichtigkeit, unabhängig davon, wie es mir körperlich ging. Zwei Wochen später wurde ich wieder versetzt und bedankte mich herzlich bei meinem wunderbaren himmlischen Helfer, denn in diesem Moment begriff ich das Programm. Ab dem Zeitpunkt, als ich eine Aufgabe voll und ganz annahm und ihr mit einer positiven inneren Einstellung begegnete, konnte sich dieses Lernprogramm auflösen und ich war einen kleinen Schritt weiter. Es war eine sehr starke Erfahrung für mich und eine Bestätigung dafür, dass meine Engel immer neben mir sind und mir helfen, wenn ich so weit bin und der Zeitpunkt passt.

Trotzdem schwebte mir (eher unterbewusst) noch immer ein Sekretärinnenposten als Traumjob vor. Die Jahre vergingen und ich war auf meinem Arbeitsplatz im Großen und Ganzen zufrieden. Nach wie vor arbeitete ich in Teilzeit mit zwanzig Stunden in der Woche, und dadurch war und ist es mir möglich, meine Energie- und Engelarbeit zu leben und zum Beispiel auch dieses Buch zu schreiben. Dies ermöglicht mir auch, mich mit meinen beiden Schwestern verstärkt um meinen Vater zu kümmern, der seit dem Tod meiner Mutter vor zwei Jahren allein in seinem Haus lebt. Dazu möchte ich anmerken, dass hier eine sehr starke Seelenverbindung besteht und er für uns alle drei eine sehr positive und liebevolle Vaterfigur verkörpert. Im letzten November bekam er eine starke Gelbsucht und musste ins Krankenhaus. Dort wurde ein Tumor am Bauchspeicheldrüsenkopf diagnostiziert und die Ärzte gingen davon aus, dass er bösartig sei. Wir waren natürlich alle geschockt und hatten Angst, ihn in den nächsten Monaten zu verlieren. Inzwischen stellte sich aufgrund von zwei Untersuchungen in Wien heraus, dass es ein gutartiger Tumor war, und es geht ihm inzwischen auch schon wieder sehr gut. Es grenzt an ein Wunder, mein Vater ist der Meinung, er habe den Krebs weggebetet, und natürlich haben ihm auch alle Engel dabei geholfen. Ich glaube ihm das aufs Wort!

Genau zu dieser schwierigen Zeit wurde ein Sekretärinnenposten frei und man konnte sich bewerben. Natürlich hatte ich andere Sorgen, den Kopf voll und weder Kraft noch Zeit, um mich auch darum noch zu kümmern. Doch Sie werden es nicht glauben. Dieser Job ist mir definitiv zugefallen, ich bekam ihn mit Beginn zum 1. September 2011. Meine Freude war riesig! Ich bin davon überzeugt, dass ich diesen Wunsch unbewusst auf der Seelenebene ausgeschickt habe und er genau zum passenden Zeitpunkt in Erfüllung ging. Ich bin allen meinen Engeln, die hier geholfen haben, sehr dankbar und freue mich auf die neue Aufgabe. Sie sehen also, dass es immer wieder Möglichkeiten gibt, dass wir unseren Traumjob erhalten, und meistens tritt es dann ein, wenn wir es am wenigsten erwarten. Voraussetzung dafür ist häufig, dass wir alles fließen lassen und dass wir selbst loslassen – erst dann können sich Herzenswünsche erfüllen. Wenn wir uns festbeißen und fixieren, dann sitzt der Wunsch im Kopf und will mit Druck verwirklicht werden. So funktioniert das aber leider nicht. Wir können kaum etwas erzwingen, und der Versuch würde uns eine Menge Kraft kosten. Es geht leichter.

Wenn die Erfüllung eines Wunsches möglich ist und »auf unserem Lebensweg liegt«, unsere Seele sich das Thema ausgewählt hat, dann wird der Zeitpunkt der Erfüllung oder des »Zufallens« kommen. Aufgaben und Prüfungen, Ziele und die verschiedensten Themen hat sich unsere Seele vorgenommen, bevor wir hierher in dieses Leben kamen. Vor der Inkarnation ging ein jeder von uns durch ein Tor des Vergessens. Das ist der Grund, warum wir meist der Meinung sind, alles oder doch den allergrößten Teil erstmals zu durchleben. So ist es jedoch nicht. Unsere Seele kennt das alles schon, jede Situation und jede Prüfung ist in unserem Unterbewusstsein bereits gespeichert, jedoch können wir es hier und jetzt bewusst nicht abrufen.

Vertrauen Sie auf das Wissen, das Sie hierher mitgebracht haben, und auf Ihre intuitiven Fähigkeiten. Glauben Sie daran, dass es einen übergeordneten und höheren Plan gibt, den Sie gerade dabei sind zu erfüllen. Schließen Sie in Stresssituationen die Augen und kommen Sie innerlich zur Ruhe. Wenn Sie das schaffen, werden Sie sofort eine Information oder eine Botschaft bekommen, die Ihnen weiterhilft. Lassen Sie Ihre Seele sprechen!

6.

Geld und finanzieller Fluss

Welches Geldbewusstsein haben Sie?
Erzengel Uriel – Nixen und Wassermänner

Engelfrage

Frage: Wie kann ich meine finanzielle Situation auf längere Sicht verbessern – wie mache ich den ersten Schritt?
Antwort: Mach dir selbst das Geschenk, dir gegenüber großzügig zu sein, wenigstens einmal die Woche dir selbst eine Freude zu bereiten – damit kannst du beginnen. Dann wird es positiv Schritt für Schritt weitergehen. Gerade dann, wenn sich eine Flaute in deinem Portemonnaie breitmacht, gönn dir etwas! Gerade wenn du nicht so flüssig bist, gib einem Menschen, der noch weniger hat als du. Vergönne dir selbst etwas ganz Außergewöhnliches (ohne dich in Schulden zu stürzen, es muss ja nicht teuer sein), etwas, das du so noch nicht hattest. Versuch, dein Urvertrauen in dir zu aktivieren, dabei werden dir auch Affirmationen helfen, wie

zum Beispiel »Ich habe alles, was ich brauche, und noch viel mehr!« Sag dir das mehrmals laut oder leise über den Tag hin vor. Es wird sich in dir manifestieren und im Außen zu wirken beginnen.

Tröste dich mit einer Kleinigkeit, die dir Freude macht. Sei es dir wert, nicht am falschen Fleck zu sparen, nämlich bei dir. Geldfluss hat auch mit Eigenliebe und Selbstwert zu tun. Achte darauf, dass du diese Qualitäten aktivierst und nicht nur für andere da bist. Beobachte immer wieder, ob Geben und Nehmen im Alltag ausgewogen von dir gelebt wird. Wenn du überdurchschnittlich gibst und wenig oder kaum etwas zurückbekommst beziehungsweise annimmst, wirst du aus der Energie des Mangels nicht herauskommen, da du unter deinem Wert lebst.

Das trifft auch auf deinen Partner und deine Kinder zu – auch von deinem nächsten Umfeld muss etwas zu dir zurückkommen. Wir reden hier nicht nur von Geld im eigentlichen Sinne, es betrifft auch Gefühle, Aktivitäten, Zeit, Kraft und so weiter. All das gibst du, und dementsprechend solltest du in einer passenden Form und im richtigen Ausmaß auch etwas dafür erhalten. Lass deine Ängste los und lass alles fließen, vertrau auf die Hilfe des Universums, auf Jesus, auf alle Helfer im geistigen Bereich, auf alle deine Engel – egal, woran du glaubst!

Geldbewusstsein

Die meisten von uns sind beim Thema Geld ziemlich unentspannt. Wir finden, dass wir zu wenig davon auf dem Konto oder im Portemonnaie haben. Vielleicht gähnt sogar ein tieferes Loch bei unserer Bank. Wer nun glaubt, es gäbe

Schnell- und Patentrezepte, wie man rasch zu ganz viel Geld kommt, den müssen wir leider enttäuschen.

Geld ist nicht identisch mit Arbeit, mit Leistung, Einsatz, Bemühen und Anstrengung. Das sind alles Begriffe, mit denen wir recht gut umgehen können, nicht wahr? Aber wenn das Wort Geld fällt, kippt unsere unterbewusste Stimmung meistens. Hand aufs Herz: Wie viele von uns sind neidisch, schlicht eifersüchtig darauf, dass Bill Gates Milliarden hat? Dass Fußballer Zigmillionen im Jahr verdienen? Dass irgendein Manager satte Prämien dafür bekommt, dass er Arbeitsplätze abbaut? Dass Tante X und Onkel Y, Nachbar A und Freundin B anscheinend nie Geldprobleme haben?

Der erste sehr praktische Schritt, der vielleicht auch der schwierigste ist, besteht darin, dass wir unsere Einstellung überprüfen und eventuell verändern: von Neid und Missgunst in Freude darüber, dass jemand viel von dem hat, von dem wir glauben, zu wenig zu haben. Die energetischen Zusammenhänge sind Ihnen ja sicher bekannt. Das Gesetz der Resonanz sagt: Wenn Sie missgünstig denken oder fühlen, weil jemand anderes viel Geld hat, besetzen Sie Ihr Unterbewusstsein mit der Botschaft: Geld ist schlecht! Wie aber sollen Sie dann offen für den Geldfluss sein?

Ein zweites Muster geht auf die Opferhaltung zurück, die gar nicht unbedingt mit Geld zu tun haben muss. Sie meinen unter Umständen, dass Sie viel schuften müssten, um etwas zu verdienen, um etwas wert zu sein. Wozu das führt? Viel Arbeit, wenig Verdienst! Auch das wird Ihre Öffnung für einen natürlichen Fluss von Geld nicht fördern.

Auf einen dritten, weniger bekannten Zusammenhang hat der Psychologe Chuck Spezzano hingewiesen: Miese persönliche Beziehungen haben sehr oft maue Erfolgserlebnisse und knappen Geldfluss zur Folge.

Der erste Schritt besteht nun in jedem Fall darin, dass wir unsere Einstellung zum Geld ändern. Sonst können uns ja auch die Engel nicht wirklich helfen, wenn sie alle möglichen Gelegenheiten, uns zu Geld kommen zu lassen, arrangieren – und wir es nicht annehmen wollen (oder innerlich nicht annehmen können).

Versuchen Sie einmal eine Woche lang Folgendes:

- Jedes Mal, wenn Sie Bilder reicher Menschen im Fernsehen oder in Illustrierten sehen, wenn Sie reale Menschen beobachten, wenn Sie mit Freunden über Leute sprechen, nehmen Sie eine bewusst positive Haltung zu Reichtum ein und freuen sich für die anderen darüber, dass sie viel Geld haben.
- Wenn Sie Essen gehen oder einen Kaffee oder ein Glas Wein trinken: Geben Sie reichlich Trinkgeld, mehr als sonst.
- Wenn Sie in einem Laden etwas zu bezahlen haben, sagen Sie in dieser Woche nicht: »Was bin ich ihnen schuldig?«, sondern: »Was bekommen Sie?« oder noch besser: »Was darf ich Ihnen zahlen?«
- Nehmen Sie Geldscheine in die Hand, spüren Sie, wie sie sich anfühlen, rascheln Sie damit an Ihren Ohren, um den »Klang des Geldes« zu hören. Freuen Sie sich über die Scheine (denn das wollen wir nun wirklich nur mit Scheinen üben), laden Sie sie innerlich ein, vermehrt zu Ihnen zu kommen.

Halten Sie das alles für naiv? Nun ja, ausprobieren könnten Sie es doch aber, oder? Eine Woche nur. Und, was könnte ein zweiter Schritt sein? Dankbarkeit für das zu entwickeln, was Sie haben – aber nicht in einer Haltung des Verzichts oder einer falschen Demut, sondern in herzlicher Freude für die Fülle, die jetzt schon vorhanden ist. Das hat viel mit Urvertrauen zu tun, mit dem Vertrauen, dass das Leben, Gott, das höhere Selbst sehr wohl immer nur zum höchsten und besten Wohl unser Leben leiten. Also könnten wir uns doch eigentlich ganz entspannt im Hier und Jetzt zurücklehnen.

Probieren Sie das doch auch mal eine Woche lang:

- Immer, wenn Geldsorgen und sogar auch nur Geldgedanken auftauchen: tief durchatmen, entspannen, sich an Luft und Licht und Leben freuen, ohne weiter über diese Gedanken zu reflektieren.

Keine Sorge, das ist keine Weltflucht – in einer Woche können Sie sich ja wieder so viel Geldsorgen machen, wie Sie nur mögen. Sie bieten Ihrem Gesamtsystem einfach eine Woche einen Urlaub von Geldgedanken an. Auch hier gilt: Probieren Sie es praktisch aus, eine Woche lang. Sie haben ja nichts zu verlieren, außer Kummer und Bürde.

Das liebe Geld fließen lassen

Es gibt immer wieder Menschen, die der Meinung sind, dass Spenden unnötig seien, da sie ohnehin nicht dort ankommen, wo sie hingehörten. Das mag schon (leider viel zu oft) zutreffen. Für uns hört sich das trotzdem nach einer Ausrede an. Es gibt unendlich viele andere Arten, wie man direkt und ohne Umwege helfen kann. Ich muss dem Bettler um die Ecke ja nicht unbedingt ein paar Euro geben, wenn ich das Gefühl habe, er verwendet sie für Alkohol. Obwohl das unserer Meinung nach allein seine Angelegenheit ist und nicht unsere Sorge sein sollte. Entweder geben wir gern und von Herzen, oder wir lassen es gleich. Aber auch im Falle des Bettlers: Man kann ihm ja Lebensmittel oder Gutscheine dafür geben – wenn man sich schon absichern möchte.

Es gibt sehr viele Projekte, wo wir die von Not und Katastrophen Betroffenen direkt unterstützen können. Zum Beispiel eine Familie in der Heimatstadt, die unverschuldet in Not geraten ist, oder eine Frau, die herrenlose und arme Tiere aufnimmt und sich liebevoll um sie kümmert. Oder man unterstützt »Die Tafel«. Bei uns in Österreich habe ich da die Möglichkeit, direkt alles hinzubringen, was ich nicht (mehr) brauche. Von Lebensmitteln über Möbel bis hin zu Büchern wird hier alles mit Freude angenommen. Natürlich benötigt diese Organisation auch Geld. Aber man sieht, was damit gemacht wird. Es war uns wichtig, diese Gedanken hier hinzuzunehmen und an Sie weiterzugeben – im Hinblick auf das Teilen mit unserem Nächsten, dem es schlechter geht als uns.

Sinnvolle Praxis zum Thema Geld

Es ist natürlich wieder einmal kein Zufall, dass wir (unbewusst) für Kapitel 6 das Thema Geld gewählt haben. Ist doch die Energie der 6 nach der Engel-Numerologie eine sehr harmonische und beinhaltet auch jede Art von Liebe, also auch die Eigenliebe. Ein Thema, das wahrscheinlich in der einen oder anderen Form jeden von uns betrifft.

Wenn wir uns die Antwort des Erzengels Uriel auf die oben gestellte Frage genauer anschauen, stellen wir fest, dass darin eine ganze Menge Denkanstöße und auch die verschiedensten Tipps enthalten sind, unsere negativen

Muster diesbezüglich aufzulösen. Dabei könnten wir uns als Ansatz und damit wir erst mal einen vagen Überblick bekommen, wie der ureigene persönliche Zugang zum Thema Geld ist, auch noch Folgendes fragen:

- Wie gehe ich mit dem Geschenk, mit der Energie Geld um?
- Habe ich ausreichend oder gehe ich andauernd an die Grenze hin zum Mangel?
- Ist einmal erhaltenes Geld gleich wieder weg, vergönne ich mir auch einmal etwas oder verschwende ich es für unnötiges Zeug?
- Wohin lasse ich es fließen? Lasse ich es überhaupt fließen oder halte ich es ängstlich fest?
- Gebe ich den zehnten Teil (Zehent laut Bibel)? Was und wie viel gebe ich und an wen?
- Vergönne ich auch anderen etwas, die weniger Geld haben als ich?
- Vergönne ich anderen, die mehr haben als ich, ihren Wohlstand?
- Sehe ich das Geld als etwas Negatives, Schmutziges an und habe ich Berührungsängste in dieser Beziehung?
- Was gibt es für Möglichkeiten für mich, um mehr in die Fülle zu gehen?
- Wird meine Arbeit wirklich entsprechend entlohnt?
- Erlaube ich es mir überhaupt grundsätzlich, dass es mir finanziell gutgeht? (Die Blockade hierfür sitzt oft tief verborgen und unerkannt im Unterbewusstsein.)

Das sind einige wesentliche Fragen und davon gibt es natürlich noch eine Vielzahl mehr. Sie werden die für Sie wesentlichen finden, wenn Sie sich wirklich intensiv und ehrlich mit diesem Thema beschäftigen.

Die kraftvollen Helfer

Uriel, Nixen und Wassermänner sind vor allem zuständig für den Fluss, das Fließen von Energien und eben auch für den Geldfluss. Es geht dabei aber nicht ums Horten, dabei werden sie uns nicht unterstützen.

Erzengel Uriel

Das »Feuer Gottes«, so sein Name. Er wird abwechselnd als Seraph, Cherub, Regent der Sonne, Flamme Gottes, Herrscher der Unterwelt, Engel der Buße, Erzengel der Erlösung und in vielen anderen Funktionen gepriesen. Uriel als Bote Gottes soll Noah vor der kommenden Sintflut gewarnt haben. Manche seiner Aufgaben und Fähigkeiten werden zugleich oder alternativ auch anderen Engeln zugeordnet, zum Beispiel Fanuel oder Metatron. Uriel wurde 745 im Konzil von Rom im Rahmen der »Engelsäuberung« zwar verworfen, ist inzwischen jedoch wieder in den erlauchten Kreis der anerkannten Engel aufgenommen. In formalisierten Darstellungen ist sein Symbol eine offene Hand mit einer Flamme darauf. Flamme und offene Hand sind Hinweise darauf, meinen wir, wie man mit der Energieform Geld umgehen kann. Mit offenen Händen geben, wo es nötig und möglich ist. Dabei Geld als eine Form von Kraft erkennen, die sehr mächtig ist und deshalb bewusst eingesetzt und genutzt werden sollte.

Man schreibt dem Erzengel Uriel die Gabe zu, bei Mutlosigkeit und Kraftlosigkeit neue Zuversicht und Lebensfreude anzuregen. Vor allem ist es seine Aufgabe, Unordnung zu klären und uns dabei zu stärken, aus Chaos Übersichtlichkeit und klare Zielausrichtung zu machen. Unordnung auf einer oder mehreren Ebenen ist bei Geldmangel fast immer der Fall, sie stellt meistens die wahre Ursache für den Geldmangel dar – Unordnung auf der geistigen, emotionalen und/oder physischen Ebene.

Wünsche wahr machen

Halten wir das Feuer unserer Herzen am Leben – denn es ist ein Funke vom Feuer Gottes und des Himmels. Vertrauen wir dem Beistand von Uriel und setzen wir uns weiterhin mit ganzer Seele für unsere Träume ein.

Die Engelantwort am Anfang des Kapitels sagt uns, wir sollen uns gerade dann etwas gönnen, wenn wir finanziell etwas eingeschränkt sind und die Ratio eine weitere Geldausgabe eigentlich verbietet. Das erinnert mich an eine Begebenheit in der Zeit vor meiner Scheidung. Ich war damals mit meiner Tochter unterwegs in einem Einkaufscenter und machte einige notwendige Besorgungen. Da erreichte mich ein Anruf der gemeinsamen Anwältin; wir hatten keinen Rosenkrieg, aber eine spezielle Scheidungsform, bei der eine Anwältin notwendig war. Sie teilte mir mit, dass mein Noch-Ehemann einen weiteren Punkt in den Scheidungsvertrag nehmen ließ, mit dem ich nicht rechnete und der mich mehr als ärgerte. Ich war betroffen, da er dies mit mir nicht abgesprochen hatte, und auch ziemlich enttäuscht.

Bevor ich jedoch in Ärger und Zukunftsängste abkippen konnte, hatte ich eine andere Idee. Ich ging in ein Geschenkartikelgeschäft und kaufte mir eine silberne Elfe (Tinkerbell aus Peter Pan) mit Kette, die ich von da ab bis zur Scheidung trug. Sie sollte Freiheit und spielerische Leichtigkeit symbolisieren und mich daran erinnern, trotz allem fröhlich zu bleiben. Das gelang im Großen und Ganzen eigentlich auch ganz gut, auch wenn es noch einige Zeit dauerte, bis die Scheidung wirklich einvernehmlich und weitgehend freundschaftlich abgewickelt wurde. Ich bin froh, dass ich in diesem Moment auf mein Gefühl und nicht auf meinen Kopf gehört habe, der mir den Kauf der Elfe sicherlich ausgeredet, wenn nicht gar verboten hätte.

Unlängst sagte eine Freundin zu mir: »Wenn es mir schlecht geht, dann gehe ich zum Frisör.« Der Ansatz ist gar nicht schlecht. Sie gönnt sich etwas, entspannt sich dabei und tut sich etwas Gutes. Wenn das nicht in eine zu häufige Regelmäßigkeit ausartet, ist nichts dagegen zu sagen. Was meinen Sie? Ob das jetzt der Frisör ist oder ein Kaffeehausbesuch, ein kleiner Ausflug, ein Eisbecher oder etwas anderes. Natürlich kann man sich auch Zeit schenken. Für ein gutes Buch, einen Ausflug, einen Spaziergang, fürs Musikhören oder Malen. Da gibt es unendlich viele Möglichkeiten, und ein jeder wird die für sich (im Moment) passende auch finden.

Vertrauen

Beim Thema Geld haben wir in der Antwort des Erzengels Uriel auch gehört, dass heiteres Loslassen und Urvertrauen eine von vielen Lösungen ist. Das klingt natürlich super und sagt sich ganz leicht. Die Praxis zeigt sich vielfach schwieriger, wie nachstehendes Beispiel zeigt. Während meine Scheidung lief (eigentlich schlich sie mehr dahin) renovierte ich ein kleines burgenländisches Bauernhaus aus der Jahrhundertwende, das mein neuer Wohnsitz werden sollte. Ich mache es kurz: Natürlich war viel mehr zu erneuern, zu richten, zu reparieren, als ich vorher ahnen konnte. Zeit und Kosten explodierten und nur mit der Hilfe aller Engel und ihren wunderbaren Möglichkeiten gelang es mir, dies kraft-, zeit- und geldmäßig hinzubekommen. Weitere Details erfahren Sie dann später im Kapitel 9 über Lebensträume und Lebensräume.

Zusammenfassend kann ich nur sagen, wenn ich bei diesem Projekt nicht ins Urvertrauen gegangen (und dort auch geblieben) wäre, es hätte eine Menge schiefgehen können. Denn es waren nicht nur die finanziellen Aspekte und Prüfungen zu schaffen, sondern auch rechtlich gab es noch einige recht vertrackte Hindernisse zu überwinden, weil der Verkäufer während der Transaktion verstarb und schwierige Erbfragen und Schuldenaufrechnungen abgewickelt werden mussten, sich der Grundbucheintrag verzögerte und verzögerte, obwohl ich den Kaufpreis auf ein Treuhandkonto bezahlt hatte und so weiter. Das Ganze kann man im Nachhinein als mein größtes und anspruchsvollstes Abenteuer in meinem Leben bisher sehen. Seit acht Wochen bewohne ich nun mein kleines eigenes Häuschen, fühle mich sehr wohl darin und weiß es wahrscheinlich auch deswegen so zu schätzen, weil ich es mir ziemlich hart erkämpfen musste.

Mein Urvertrauen musste ich vor allem deswegen voll und ganz aktivieren, weil alles zu finanzieren war, bevor ich das Geld hatte. Und natürlich hielten sich die Kosten nicht im vorher kalkulierten Ausmaß. Aber es kamen von rundherum Einnahmen, die vorher nicht abzusehen waren, ein kleines Erbe und weitere Hilfen. Dieses Programm werde ich niemals vergessen, und ich bedanke mich bei allen Familienmitgliedern, Engeln und auch Helfern aus dem geistigen Bereich.

Auf Zeichen achten

Achten Sie auf die Zeichen der Engel bezüglich Geld und Ihrem Umgang damit. Wenn Sie eine Münze finden, sollten Sie diese aufheben und auf einen besonderen Platz legen. Vielleicht finden Sie ja in den nächsten Tagen noch eine zweite und gar noch eine dritte. Dann können Sie davon ausgehen, dass Sie an und für sich auf dem richtigen Weg sind, aber noch mehr möglich wäre. Ein Hinweis der Engel, dass der Geldfluss aktiviert werden kann und mehr Wohlstand möglich ist. Öffnen Sie sich in Folge für neue Themen, Menschen und für die Botschaften, die Sie erhalten werden.

Das Gegenteil ist der Fall, wenn immer wieder Verluste auftreten. Sie verlieren die Geldbörse oder einen größeren Geldschein, es wird im Haus eingebrochen, das Handy ist verschwunden und taucht nicht mehr auf und so weiter. Die Engel zeigen uns damit, dass etwas mit der Wertigkeit nicht passt. Ich habe das selbst bei einer Bekannten erlebt, die sich extrem einschränkte, um dem einzigen Kind sämtliche Wünsche zu erfüllen. Das ging so weit, dass besagte Frau bei Essen und Heizung knauserte, um der erwachsenen Tochter den besten Komfort in ihrer Studentenwohnung in Wien zu bieten – was andere natürlich sofort erkennen und auch aussprechen, selbst ist man oft »betriebsblind« und die Frauen- beziehungsweise Mutterfallen sind nicht zu verachten. Sie kommen in allen möglichen Facetten und Verkleidungen daher, und ehe wir uns versehen, stecken wir mittendrin. Aufpassen muss man hier vor allem vor dem bekannten schlechten Gewissen, das uns immer wieder von Kindheit an anerzogen und eingeredet wird. Es funktioniert immer wieder, und niemand weiß das besser als unser Sohn, unsere Tochter. Hier gilt es, alte Muster schnellstens und auf Dauer zu unterbrechen und in neue Strukturen zu gehen. Es wird uns einiges an Kraft und Zeit abverlangen, ist aber mit einiger Konsequenz und Aufmerksamkeit zu schaffen. Ein persönliches Beispiel dazu erzähle ich Ihnen dann im nächsten Kapitel über Beruf und Berufung.

Wenn wir die Balance in uns wiederherstellen und einen positiven Umgang mit unseren Finanzen erzielen wollen, dann ist es notwendig, dass wir entsprechend gut geerdet sind. Für Erdung und alle damit verbundenen Themen ist der Erzengel Uriel zuständig, er unterstützt uns auch gern beim nachstehenden Ritual.

ÜBUNG

Wunschritual Erzengel Uriel

Ich setze mich entspannt in einen Sessel, stelle die Füße nebeneinander fest auf den Boden, schließe die Augen und ersuche den Erzengel Uriel sowie alle Erdungsengel, mich bei diesem Ritual zu unterstützen.

Ich stelle mir vor, dass Wurzeln aus meinen Fußsohlen in den Boden wachsen. Ich fühle die Liebe und Wärme von Mutter Erde, mit der ich nun verbunden bin, und der rote Lichtstrahl des Erzengels Uriel umfließt mich. Ich spüre seine wunderbare und liebevolle Energie. Es geht mir gut, ich stelle mir vor, wie die Wurzeln immer stärker werden und tief in die Erde eindringen. Solange ich dieses Gefühl in mir spüre und mich wohlfühle in der warmen, gut duftenden Erde, verbleibe ich so. Ich spüre mich und alles in mir, bin rundherum zufrieden.

Wenn ich mich ausreichend aufgeladen fühle von der Erdenergie, öffne ich die Augen und beende das Ritual, indem ich mich beim Erzengel Uriel und allen seinen Helfern von Herzen Herzen bedanke. Von nun an kann ich einen achtsamen und positiven Zugang zu allen finanziellen Angelegenheiten in meinem Alltag finden und bekomme diesbezügliche Lernaufgaben nach und nach gut hin.

Nixen und Wassermänner

Wassergeister bezeichnet man, je nachdem, ob sie weiblich oder männlich sind, als Nixen oder Wassermänner. In vielen Märchen, Mythen und Sagen tauchen sie auf, in allen Kulturen der Erde. Auch Meerjungfrauen, Brunnenfrauen, Nymphen und Sirenen (uns allerdings meistens weniger freundlich gesonnen) gehören hierher. Die Wassergeister haben mit dem Thema Geld zu tun, weil Wasser, um frisch und klar zu sein, fließen muss und nicht stocken darf. Geld ist ebenfalls eine Energie, die fließt. Deshalb dürfen wir nicht versuchen, an ihr zu »kleben« – das würde gar nicht funktionieren. Der folgende Rat könnte daher direkt von den Wassergeistern kommen – mit denen Sie sich im Übrigen auch bewusst verbinden können.

Wünsche wahr machen

Lassen wir uns auf die Schwingung des Wassers ein, des Fließens, der Beweglichkeit, darauf, wie ein Bach um Felsbrocken und Baumwurzeln herumzugleiten. So lehren uns die Nixen und Wassermänner, mit Wünschen, Geld und Fülle umzugehen: eine ständige Bewegung, ein Geben und Empfangen, ein Eintauchen in die Fülle des Lebens.

7.
Beruf und Berufung

Doch, das ist möglich – wenn Sie sich dafür entscheiden
Erzengel Jophiel – Meister Saint Germain

Engelfrage

Frage: Gibt es überhaupt eine Berufung für mich über meinen Beruf und Broterwerb hinaus?
Antwort: Natürlich ist eine Berufung in diesem Leben für dich vorgesehen. Aber fixiere dich nicht auf zu eng angelegte Vorstellungen – möglicherweise gibt es ja neben deinem Hauptberuf einen zweiten Bereich, in den du all deine Seelen- und Herzenergie fließen lassen kannst. Und da gibt es Unmengen von Möglichkeiten, du wirst deine ganz eigene finden. Das wird zum für dich passenden Zeitpunkt sein, wenn du offen und bereit bist, deinen Seelenruf zu hören und ihm auch zu folgen.

Es erfordert, vor allem anfänglich, immer eine Menge Mut, sich der eigenen Bestimmung zu stellen. Denn mit dem ersten Schritt auf diesem Weg stellst du dich vielen Veränderungen und Herausforderungen. Es gibt für alles im Leben eine Zeit der Vorbereitung und den passenden Zeitpunkt, um durchzustarten. Mach dir keinen Druck und suche nicht verzweifelt nach deiner Berufung – sie wird sich zeigen, wenn du Kraft und Zeit dafür hast und deine Seelenpläne dahingehend auch verwirklichen und leben kannst.

Unter Umständen stellst du dir auch vor, es handle sich um eine ganz wichtige und bedeutende Aufgabe. Aber es sind oft die kleinen und scheinbar unwesentlichen Dinge im Leben, die auf längere Sicht sehr viel bewegen. Denke an den Stein, der ins Wasser fällt. Die Ringe, die er verursacht, setzen sich über eine weite Fläche hin fort und sind sehr lange zu sehen. Und das war nur ein Stein, vielleicht sogar ein kleiner. Deine Seele kann viel mehr an Bewegung aussenden und bewirken. Deine Berufung kann dein Beruf sein, Menschen, die dich brauchen, Tiere oder die Natur, etwas Kreatives, etwas Künstlerisches, aber auch etwas Unterhaltendes, womit du Kinder zum Lachen bringst. Lass dir Zeit und sei geduldig, du wirst deine Berufung finden! Ich helfe dir!

Welchen Ruf hören Sie?

Beruf und Berufung haben mit einem Ruf zu tun. Das steckt in den beiden Begriffen ja bereits drin. Welchen Ruf hören Sie? Arbeit und Lebensunterhalt ist ein Aspekt, Geld ein anderer. Ein dritter wesentlicher Aspekt unsers Schaffens und Wirkens ist die Berufung, der wir folgen. Es hat ja gute Gründe, warum wir diesen oder jenen Beruf ausüben. (Übrigens sind unserer Ansicht nach selbstverständlich auch Mütter und Hausfrauen »berufstätig«, auch wenn das von Gesellschaft und Gesetzgeber noch nicht erkannt und auch entsprechend vergütet wird.)

Was macht denn nun aber den möglichen Unterschied zwischen Beruf und Berufung aus? Sicher spüren Sie das selbst: Berufung ist etwas, was Sie noch mehr erfüllt, was Sie begeistert, Sie vorantreibt. Sie müssen sich bei etwas, was Sie als Berufung empfinden, nicht mühen und plagen, nicht lustlos anstrengen oder quälen. Sie leisten zwar unter Umständen genauso viel oder mehr als bei einer »normalen Arbeit« oder im üblichen Beruf. Aber es fällt Ihnen nicht so schwer. Sie fühlen sich getragen – und eben berufen. Es geht Ihnen leicht von der Hand, die Zeit vergeht wie im Fluge.

Versuchen Sie, auch in Ihrem Job Ihre Berufung zu finden. Vielleicht nicht immer, aber doch zeitweise. Wenn das partout nicht gelingen will und es auch nicht stimmig wäre, eine neue Stelle zu suchen, dann können Sie Ihrer Berufung immer noch in der Freizeit nachgehen. In einem Verein, privat oder mit Freunden. Als ehrenamtliche Tätigkeit oder freies künstlerisches Schaffen. Fragen Sie Ihre Seele, im Gebet oder in der Meditation, wozu Ihre Seele sie ruft.

Die kraftvollen Helfer

Erzengel Jophiel und Meister Saint Germain sind es, die uns in diesen grundlegenden Fragen zur Seite stehen.

Erzengel Jophiel

Die »Schönheit Gottes«, so sein Name. Manche meinen auch, Jophiel bedeute »Gott ist meine Wahrheit«. Er tritt als Begleiter von Metatron auf, zählt oft zu den sieben Erzengeln und wechselt sich mit Zafkiel in der Regentschaft über den Planeten Saturn ab. Erzengel Jophiel ist für die Fülle der Schöpfung, für Weisheit und persönliche Weiterentwicklung zuständig. Er unterstützt unsere persönliche Willenskraft und das, was wir damit anfangen. Wohlstand, Reichtum auf allen Ebenen, Glück in jeder Form sowie die Kraft des Geistes fallen in seinen Zuständigkeitsbereich. Er gibt uns die notwendige Kraft zum Durchhalten, um Probleme positiv annehmen und lösen zu können. Er vermittelt uns Weisheit und Geduld. Überall, wo gelernt und gelehrt wird, ist der Erzengel Jophiel anwesend. Er unterstützt die Menschen auch bei Entdeckungen, Erfindungen und Erneuerungen. Dieser Erzengel arbeitet besonders eng mit unserem persönlichen Schutzengel zusammen und ist daher sehr oft mit diesem gemeinsam an unserer Seite. Alle Lern- und Lebensprogramme fallen in seinen Arbeitsbereich, und dementsprechend oft brauchen wir auch seine Hilfe und Unterstützung. Er hüllt uns in einen goldgelben Lichtstrahl, in eine wunderbar sonnige und warme Energie.

Wie Erzengel Jophiel hilft

Ich (Jutta) erinnere mich daran, wie ich vor Jahren meinen ersten Engelvortrag hielt. Es war in einem kleinen Ort im Südburgenland im Rahmen eines Energie-Kraft-Tages. Ich rechnete mit zehn bis zwanzig Menschen, die anwesend sein würden. Trotzdem war ich sehr nervös und glaubte, diese für mich neue Herausforderung nicht zu schaffen. Ich bat den Erzengel Jophiel um die richtigen Worte und einen offenen und klaren Zugang zu den Menschen, die mir zuhören würden.

Als ich den Raum betrat, warteten dort etwa siebzig Leute auf mich und ich erschrak richtiggehend. Mit so vielen Menschen hatte ich absolut nicht gerechnet! Ich ging langsam zum Rednerpult und ersuchte nochmals den Erzengel Jophiel um Hilfe, diesmal war es beinahe ein Flehen, denn Panik machte sich in mir breit.

Als ich den ersten Satz aussprach, spürte ich, wie sämtliche negativen Gefühle von Angst und Panik förmlich dahinflossen. Ich musste mich überhaupt nicht anstrengen, Leichtigkeit und ein wunderbares Gefühl machten sich in mir breit, die Ängste lösten sich in Luft auf. Ich werde dieses Gefühl nie vergessen. Der Vortrag wurde von einer sehr liebevollen und leichten Energie getragen und meine Worte kamen bei den interessierten Zuhörern wirklich gut an. Dieser Engelvortrag war der Grundstein für eine Verbindung zum Südburgenland, für neue Freundschaften, interessanten Austausch und ein liebevolles Miteinander, das ich auch jetzt noch nach Jahren immer wieder erleben darf.

Dazu muss ich sagen, dass meine Mutter aus dieser Gegend stammt und eine Reise dorthin für mich jedes Mal ein Nachhausekommen bedeutet, ein Erkennen der Gegend und der Mentalität der dort lebenden Menschen. Ich spüre meine Wurzeln und fühle mich geborgen und liebevoll aufgenommen. Die großzügige Hilfe des Erzengels Jophiel erlebe ich seither immer wieder, denn bei jedem Seminar, bei jedem Vortrag beziehungsweise bei jeder persönlichen Beratung ist dieser große Erzengel an meiner Seite. Ich danke ihm dafür von Herzen!

ÜBUNG

Wunschritual mit Erzengel Jophiel

Wenn ich endlich meine Berufung leben möchte, ersuche ich den Erzengel Jophiel um Hilfe und Unterstützung und beginne das Ritual, indem ich eine Kerze anzünde. Ich stelle mir den Erzengel Jophiel vor und spüre seinen goldenen Lichtstrahl in mir. Mein Herzenswunsch, den ich verwirklichen möchte, steht bildlich vor mir. Ich wähle zu diesem Thema ein Wort, das nicht so gebräuchlich ist, also im deutschen Sprachschatz nicht so oft vorkommt, spreche dieses Wort aus und schließe die Augen.

Ich höre und fühle in mich hinein, was mir der Erzengel Jophiel zeigt oder sagt. Ich ersuche ihn, mir ein Zeichen zu geben, ob ich auf dem richtigen Weg bin und meine Vorstellung längerfristig für meinen Lebensweg passt oder ob ich einer Illusion nachjage. Ich nehme mir Zeit, um noch einmal in mich hineinzufühlen und die liebevolle Energie des Erzengels Jophiel zu »speichern«. Ich öffne die Augen und bedanke mich bei Jophiel für seine Hilfe. Dann beende ich das Ritual, indem ich die Kerze lösche.

In den nächsten drei Tagen achte ich darauf, ob das von mir beim Ritual ausgewählte Wort irgendwo auftaucht (ich könnte es jemanden sagen hören, es auf einem Plakat lesen, in einer Zeitung und so weiter). Wenn dies der Fall ist, dann habe ich die Bestätigung bekommen, dass meine Berufung in diese Richtung gehen wird. Wenn nicht, sollte ich das Thema noch einmal überdenken und möglicherweise zu einem späteren Zeitpunkt noch einmal nachfragen.

Noch etwas Allgemeines über Erzengel

Wie bei den meisten anderen Erzengeln auch kann man zwar in der Arbeit mit Jophiel einige Aspekte seiner Gaben und Aufgaben besonders hervorheben, aber im Grunde gibt es keine strikte Abgrenzung oder Trennung, als ob dieser Erzengel sich ausschließlich um Ängste und Schutz und jener sich um Klarheit und Einsatzfreude kümmern würde. Es entspricht eher unseren irdischen Wünschen, eindeutige Zuordnungen zu haben. Wir kennen das aus den Entsprechungen katholischer Heiliger, wo einer zum Beispiel helfen soll, verlorene Gegenstände zu finden, der heilige Antonius, und ein anderer die Wohnstatt vor Feuer bewahren soll, der heilige Florian. Das ist ein Grund, warum wir gern vorschlagen, »alle zuständigen Engel« um etwas zu bitten beziehungsweise sie anzurufen.

Erzengel besitzen Allweisheit und kennen die Gesetze, die Ursachen und ihre Ausdrucksformen. Erzengel sind von Gott mit großen Machtbefugnissen ausgestattet. Sie stehen unter dem besonderen Schutz und Auftrag Gottes und sind als ausgleichende und auflösende Helfer unterwegs. Es gibt Unmengen von Erzengeln und ihre Namen enden meist mit »el«, was so viel bedeutet wie: »Die von Gott Gesandten«. Erzengel überschauen größere Lebenszusammenhänge und Entwicklungsmuster. Man bekommt durch die Präsenz eines solchen Himmelswesens die Chance, neue Bereiche des Seins kennenzulernen und an Einsicht zu gewinnen.

Weitere Gebiete, für die viele Menschen Erzengel Jophiel anrufen und die mit dem Thema Beruf und Berufung letztlich ja eng zu tun haben sind innere Stärke, heitere Gelassenheit, Vertrauen in die schöpferischen Kräfte, Unterstützung bei Prüfungen, Verständnis für komplexe Zusammenhänge, Hilfe bei Problemlösungen.

Wünsche wahr machen

Erzengel Jophiel können wir bitten, uns mit der Kraft von Mut und Zuversicht beizustehen, wenn uns Zweifel, Sorgen, Kummer und Ängste zu überwältigen scheinen.

Meister Saint Germain

»Er war vielleicht einer der bedeutendsten Philosophen, die je gelebt haben. Ein Freund der Menschheit, der Geld nur dann schätzte, wenn er es Armen geben konnte, ein Freund der Tiere. Sein Herz sorgte sich nur um das Glück der anderen.«* Soweit ein Zitat über Saint Germain, das dem Landgrafen Prinz Karl von Hessen zugeschrieben wird. Und die berühmte Madame Helena Petrowna Blavatsky, Mitbegründerin der Theosophie, schrieb über Saint Germain: »Der Graf von St. Germain war sicherlich der größte orientalische Adept, den Europa in den letzten Jahrhunderten gesehen hat.«**

Saint Germain gilt als Mystiker und Philosoph, als spiritueller Meister und weiser Weltenlenker (der übrigens auch in politische Entwicklungen eingegriffen und unter anderem versucht haben soll, die französische Monarchie vor der Revolution zu bewahren).

Manche meinen, dass er viele Jahrhunderte hindurch gelebt hat (und vielleicht auch heute noch lebt), ausgestat-

* Zitat aus: *Count of Saint-Germain*, von Isabel Cooper-Oakley, ohne Jahresangabe, erschienen bei Kessinger Rare Mystical Reprints; www.kessinger.net, S. 1

** Zitat aus Cooper-Oakley, a.a.O.; S. 1

tet mit dem Elixier der ewigen Jugend beziehungsweise des ewigen Lebens. Andere sind der Ansicht, dass es sich nicht um eine reale historische Persönlichkeit handelt – gleich, wie langlebig sie sein möge –, sondern um ein hohes Geistwesen, das sich hin und wieder in scheinbar physischer Gestalt manifestiert, um Geheimwissen weiterzugeben und wichtige Menschheitsentwicklungen anzustoßen.

Heute besonders bekannt geworden ist der Aspekt des aufgestiegenen Meisters Saint Germain, wie er als »Adamus Saint Germain« durch Geoffrey und Linda Hoppe gechannelt wird.* Danach ist Adamus Saint Germain der Professor, Meister und Lehrer des Crimson Council, der Botschaften der neuen Energien und Studienkurse übermittelt.

Adamus ist ein bemerkenswertes Wesen, das sich in vielen Lebenszeiten manifestiert hat und dabei eine Reihe unterschiedlicher Persönlichkeiten in zahlreichen Abenteuern auf der Erde verkörpert hat. In seinem Leben als Saint Germain wurde er in einer Gegend geboren, die heute zu Spanien gehört, als Sohn eines portugiesischen Vaters, der auch Jude war, und einer Mutter aus königlichem spanischem Geblüt. Er entschied sich am Beginn seiner Reisen durch Europa, sich Graf von Saint Germain zu nennen. Er beriet Könige und Mitglieder von Herrscherhäusern, wurde als bedeutender Alchemist bekannt – und als jemand, der Energien zu bewegen weiß. Heutzutage zieht er es vor, Professor Adamus genannt zu werden.

Adamus Saint Germain ist hier, um die spirituellen Lehrer der neuen Energie auszubilden. Er erinnert alle, die ihm zuhören wollen, daran, dass die Kunst und das Wesen der Ener-

* Siehe die Bücher *Lebe deine Göttlichkeit* und *Die Meister der neuen Energie* (Ansata Verlag, München)

giebewegung reine Physik ist. Er ist hier, um der Menschheit beim Übergang von der alten Energie der Gewalt- und Kraftanstrengung zur neuen Energie zu helfen, eine Energie, die sich öffnet und ausdehnt und leicht zugänglich ist. Wichtiger als alle seine vielen Titel und Identitäten ist, dass Professor Adamus die Weisheit, die Leidenschaft und die schöpferische Kraft eines wahren Lehrers verkörpert.

Wünsche wahr machen

»Alles ist stimmig in der ganzen Schöpfung.« Das ist die Grundlage allen Wünschens, nämlich zu akzeptieren, dass das Leben ist, wie es eben ist. Danach können wir einatmen und uns bewusst für das Leben entscheiden, für die selbstermächtigte Gestaltungskraft, für die doch recht große Eigenverantwortung für das eigene Leben und mehr noch: für unsere Sicht und Bewertung. »Alles ist stimmig ...«

Von Engeln begleitet

Mein (Jutta) spiritueller Weg begann etwa einhundertzwanzig Kilometer von meinem Wohnort entfernt, im Südburgenland, als ich mit einer sehr lieben hellsichtigen Freundin zunächst einfach ein bisschen mitmarschierte. Mein Einstieg war Reiki-Energiearbeit, natürlich mit der Unterstützung aller zuständigen Engel. Zu meiner eigenen Überraschung kamen sehr schnell einige Menschen zu mir, die Hilfe brauchten und denen die Engel-Reiki-Behandlungen sehr guttaten. Anfangs war ich ja der Meinung, ich mache das nur für mich, um Klarheit über meine momentane Situation zu bekommen und mich persönlich weiterzuentwickeln. Aber es ging flott dahin.

In den nächsten Jahren fielen mir die verschiedensten Engelkarten zu, ich lernte einige diesbezüglich wichtige Menschen und Wegbegleiter kennen, es ergaben sich wunderbare Kontakte. Das klingt alles sehr leicht und unproblematisch, aber das war es natürlich nicht. Ich musste mir in dieser Zeit einiges erkämpfen und es gab viele Steine, die ich wegzuräumen hatte. Meine Tochter war erst sieben Jahre alt, als meine Fahrten ins Südburgenland begannen, und mein näheres Umfeld (Ehemann, Eltern und so weiter) reagierte anfangs nicht unbedingt mit Verständnis und Toleranz.

Unsicherheit und ein schlechtes Gewissen plagten mich, wenn ich von Eisenstadt wegfuhr und erst am nächsten Tag wieder nach Hause kam. Jedoch schickten mir meine Engel immer wieder Zeichen, die mir bestätigten, dass ich richtig unterwegs war. Zum Beispiel ergab sich eine sehr liebevolle Freundschaft mit einer jungen Frau, die mir die Reiki-Behandlungen nicht zahlen konnte, dafür aber bei unserer Tochter blieb, wenn ich unterwegs war. Natürlich verstanden sich die beiden blendend, und damit wäre eigentlich alles super gelöst gewesen.

Dennoch nahm ich anfangs das schlechte Gewissen der Mutter, die vom Kind wegfährt und es im Stich und allein lässt (Achtung: Frauenfalle!), im Gepäck mit. Erst nach und nach (als ich sah, dass alles gutging zu Hause) konnte ich mich mental davon lösen, vor allem auch deswegen, weil ich wirklich von meinen Engeln getragen wurde.

Später wurde mir klar, wo meine Ehe stand und was bisher zugedeckt beziehungsweise unter den Teppich gekehrt wurde, nämlich eine ganze Menge. Ausharmonisierte Themen wurden deutlich und Masken fielen, und davon nicht gerade wenige. Das war natürlich die nächste Herausforderung und ein nicht gerade angenehmes Programm. Die Schere ging immer weiter auseinander, und ich stand eines Tages vor der Entscheidung, entweder meine spirituelle Arbeit und Entwicklung sein zu lassen und wieder wie vorher zu leben oder besser: zu funktionieren, oder diesen Weg weiterzugehen und dabei meine Ehe auf eine andere Ebene zu stellen – vorausgesetzt mein damaliger Ehemann wäre bereit, dies mitzutragen.

Nach einigen eher schmerzhaften, aber sehr klärenden und offenen Gesprächen mit ihm war mir klar, dass ich nicht mehr zurück konnte und meine seelische Entwicklungen nicht unterbrechen wollte. Auch diese Zeit war nicht gerade einfach, Zweifel und Ängste kamen immer wieder an die Oberfläche, und das strahlte ich dann natürlich auch aus. Trotzdem kamen immer wieder Bestätigungen, meine himmlischen Helfer legten mir eine Menge an »Rutschen«. Es ergaben sich immer wieder neue Begegnungen, die mich weiterführten, mir neue Horizonte und Themen öffneten – und meine spirituelle Arbeit, obwohl völlig unorganisiert und nicht geplant, wuchs stetig und unaufhaltsam weiter. Für mich noch immer ein persönliches Wunder. Durch Wulfing kam ich als Autorin für zwei Jahre zum *ENGELmagazin,* war Referentin am Engeltag in Wien, dann in Nürnberg, ich lernte Mike Dooley, Penny McLean und Bärbel Mohr persönlich kennen. Das waren ein paar Jahre zuvor noch scheinbar irreale Wunschträume gewesen. Wie nebenbei entwickelte sich ein kleines Seminarzentrum mit Seminaren, Vorträgen und persönlichen Beratungen. Und in jeder Minute, in der ich spirituell arbeiten darf, spüre ich die liebevolle Energie und Unterstützung meiner Engel und nehme eine Menge davon für mich mit und darf meine Herz- und Seelenenergie fließen lassen.

Sie sehen also, alles hat seine Zeit, und wie schon erwähnt: Wenn es auf dem Weg liegt und man diesen auch geht, dann fällt einem eines Tages genau das Richtige förmlich zu. Das heißt ja nicht, dass man völlig passiv herumsitzt und dann passiert es. So funktioniert es natürlich nicht. Eigeninitiative, viel kindliche Neugierde, Urvertrauen und Handlungs- sowie Entscheidungsfähigkeit sind die Voraussetzungen für eine persönliche Weiterentwicklung, egal auf welcher Ebene.

Wie an anderer Stelle schon erwähnt war es auch ein Kindheits- und Jugendtraum von mir, einmal ein Buch zu schreiben. Das erste Buch wurde dann realisiert, nachdem ich in Wien einen Vortrag über *Engelrituale* hielt und Wulfing mit seinem untrüglichen Gespür für wichtige Themen und neue Engelbotschafter die Grundlage und den Impuls für die Engelrituale setzte, die dann auch gemeinsam realisiert wurden.

In der Zeit, als meine Mutter in den geistigen Bereich wechselte, bekam ich als Geschenk und Trost der Engel die Engel-Numerologie als neues Thema bei meinen Beratungen. Daraus entstand quasi nebenbei mein zweites Buch *Die Botschaft der Engelzahlen* und danach *Die Engelbotschaft deines Namens,* natürlich auch gemeinsam mit meinem lieben Freund Wulfing.

Ich hätte mir natürlich vor Jahren niemals vorstellen können, drei Bücher in weniger als zwei Jahren zu schreiben. Aber wie gesagt, wenn der Ruf vernommen wird und man ihm folgt, dann sind persönliche Wunder möglich. Ich freue mich wirklich sehr, dass ich jetzt am vierten Buch sitze und wieder eine Menge Engel rund um mich spüre, vor allem aber den Erzengel Jophiel, der bei allem, was mit Sprache und Worten zu tun hat, aktiv beteiligt ist.

Gern erwähne ich, dass meine Tochter inzwischen einundzwanzig Jahre alt ist und sich prächtig entwickelt hat. Eine wunderbare Ebene und eine liebevolle Mutter-Tochter-Beziehung verbindet uns, die auf einer Vertrauensbasis und viel Liebe aufgebaut ist. An dieser Stelle möchte ich mich bei den Engeln auch dafür bedanken, dass ich Victoria als Geschenk und Seelenpartner in dieses Leben mitbekommen habe, und extra noch beim Erzengel Jophiel, der sie immer wieder in ihrem schwierigen Studium und bei allen anderen Lern- und Lebensprogrammen unterstützt. Danke!

8.

Gesundheit

Wunsch und Wirklichkeit: Engelhilfe, aber ohne Illusionen Erzengel Raphael – Heilengel – Naturwesen/ Naturgeister als Helfer

Engelfrage

Frage: Bin ich meinen Einschränkungen, Beschwerden oder Krankheiten eigentlich immer irgendwie ausgeliefert?
Antwort: Nein! Verbinde zuerst einmal Körper, Geist und Seele und bemühe dich, ausgeglichen und ausgewogen zu leben. Gleiche alles aus, was dir nicht guttut oder gar schadet. Manches, was dich einengt und blockiert, wirst du auf der körperlichen Ebene nicht in den Griff bekommen. Sollte dies der Fall sein, hast du die Möglichkeit, mental und seelisch etwas zu ändern, zum Beispiel die Einstellung zu diesem gesundheitlichen Problem und den Zugang dazu. Wenn du Sichtweise und Umgang positiv wandeln kannst,

hast du den ersten Schritt zur Heilung getan und es wird dir besser gehen.

Bei chronischen und hartnäckigen Krankheiten, egal ob erbbedingt und/oder unheilbar kannst du eine für dich ideale Kombination von Schulmedizin und Alternativmethoden finden. Nimm Hilfen an, verkriech dich nicht und lass dich nicht gehen oder fallen. Bleib tapfer, aufrecht und zuversichtlich. Wenn du das schaffst, kann ich mit allen Heilengeln an deiner Seite sein, dir die Hand reichen und dich ein Stückchen herausheben oder ein paar Schritte tragen. Öffne dich für neue Menschen und ungewöhnliche Behandlungs- und Heilmethoden, aber liefere dich nicht Scharlatanen und manipulativen gierigen Machenschaften und Menschen aus. Bewahre dir eine gesunde Skepsis, höre in dich hinein. Deine Seele wird dir sagen, was dir hilft, was du getrost annehmen und nutzen kannst. Glaube daran, dass du immer heller (heiler) wirst und dass du diesen Weg nicht allein gehst. Ich bin immer an deiner Seite!

Was ist Gesundheit?

Die WHO, die Weltgesundheitsorganisation der Vereinten Nationen, definierte Gesundheit einmal folgendermaßen: »Gesundheit ist gekennzeichnet durch den Zustand völligen körperlichen, geistigen und sozialen Wohlbefindens und durch das Freisein von Krankheiten und Gebrechen.« Sicher zählen Sie zu Ihrer Gesundheit mehr als nur körperliche Funktionsfähigkeit, aber Sie werden sich vermutlich auch trotz einer kleinen Schnittwunde oder eines zeitweisen Schnupfens ganz gesund fühlen.

Was gehört zum »geistigen Wohlbefinden«? Das richtige Denken und Fühlen, Mitmenschlichkeit und Harmonie? Wann können wir von »sozialem Wohlbefinden« sprechen? Wenn wir stressfrei wohnen und keinerlei berufliche Sorgen haben? In der Definition der WHO wird ein Ideal beschrieben, das kaum erreichbar ist. Dieser sehr absolute Gesundheitsbegriff bedeutet, dass kein einziger Mensch je gesund sein dürfte. Dann macht es aber keinen Sinn, Begriffe wie Gesundheit und Krankheit zu benutzen, weil ohnehin alle Menschen immer irgendwie krank wären.

Sind Sie so lange gesund, wie Sie das relative und subjektive Gefühl hegen, dass Sie keine körperlichen Schmerzen oder Leiden haben und dass Sie seelisch ausgeglichen sind? Werden Sie dann krank, wenn ein Arzt oder Heilpraktiker, ein Psychologe oder Sozialtherapeut diagnostiziert, dass Ihnen doch irgendetwas fehlt? Gesundheit ist, wie wir beim Nachdenken darüber schnell feststellen, eine sehr persönliche Angelegenheit.

Versuchen wir andere Annäherungen. Der Wortstamm von Gesundheit geht, soweit man es heute weiß, auf ein altes Wort für »geschwind« zurück. Das könnte damit zu tun haben, dass Gesundheit etwas bezeichnet, das rasch fließt – und Krankheit demnach etwas wäre, das zu langsam oder sogar stehen geblieben ist. Ist Gesundheit also Lebensenergie, die dynamisch vorwärtsdrängt, die frei fließt, sich flexibel anpassen und geschwind verwirklichen kann? Vielleicht sind Sie damit einverstanden, dass wir Gesundheit relativieren und so umschreiben: Gesundheit heißt, frei zu sein von Krankheiten und Schmerzen, die die freie schöpferische Selbstverwirklichung unmöglich machen. Gesundheit heißt zudem, frei zu sein von physischen, emotionalen, mentalen oder spirituellen Leiden, die den sinnvollen Einsatz unserer Lebenskräfte verhindern. Mit dieser Definition zielen wir zwar nicht auf den Zustand einer absoluten Gesundheit ab, wie die WHO ihn formuliert, aber wir beschreiben einen Gesundheitsbegriff, der wirklichkeitsnäher ist und für die meisten von uns immerhin in erreichbarer Nähe liegt.

Und was ist Krankheit?

Unser heutiges Wort »krank« leitet sich nach dem Herkunftswörterbuch von den Begriffen »schmal«, »schlank«, »gering«, »schwach« und »nichtig« ab. Auch »sich winden« wie ein tödlich Verwundeter und »im Kampf niederstürzen« sowie »kraftlos machen«, »plagen« und »bekümmern« finden wir dort. Das *Große Fischer Lexikon* definiert: »Krankheit: angeborene oder erworbene Störung der normalen körperlichen und seelischen Funktionen beziehungsweise die dadurch ausgelösten Erscheinungen. Die Wechselbeziehung zwischen körperlichen und seelischen Störungen findet in der Krankheitsbehandlung zunehmende Berücksichtigung (siehe Psychosomatik).«

Ein Ganzheitsmediziner, der diese Wechselbeziehungen besonders tiefreichend erforscht hat, war der englische Arzt Dr. med. Edward Bach. Er schreibt zu diesem Thema unter anderem: »Krankheit ist dem Wesen nach die Auswirkung von Konflikten zwischen SEELE und GEMÜT und kann niemals anders als durch spirituelle und mentale Bemühungen ausgemerzt werden. ... solange unsere Seele und unsere Persönlichkeit in Harmonie sind, (ist) alles Freude und Frieden, Glück und Gesundheit ... Was wir als Krankheit kennen, ist das letzte Stadium einer sehr viel tiefer liegenden Unordnung, und es ist offensichtlich, dass, um der Behandlung vollkommenen Erfolg zu sichern, die Beschäftigung mit dem Endergebnis allein nicht umfassend wirksam sein wird, wenn nicht die zugrundeliegende Ursache ebenso beseitigt wird. Es gibt einen ursprünglichen Fehler, den der Mensch begehen kann, und das ist Verstoß gegen Einheit ... Und wie Verstöße gegen Einheit in unterschiedliche Arten unterteilt werden können, so kann ebenso Krankheit – das Ergebnis dieser Verstöße – je nach Ursachen, in verschiedene Hauptgruppen unterteilt werden.«*

Die sieben geistigen Hauptursachen für Krankheiten bildeten für Edward Bach die sieben Problemgruppen, in welche er die Blütenheilmittel einordnete. Es sind:

- Angst
- Unsicherheit
- Mangelndes Interesse an der Gegenwart
- Einsamkeit
- Überempfindlichkeit für Ideen und Einflüsse anderer
- Mutlosigkeit, Verzweiflung
- Übertriebene Fürsorge für andere

Diesen Negativkräften stehen sieben geistig wirksame Gesundheitskräfte gegenüber, nämlich:

- Urvertrauen in das Leben und Gottes Führung
- Selbstbewusstsein aufgrund der Erfahrung von Seelenkräften
- Aktive Teilnahme als Dienst an der Welt
- Durch Eins-Sein zur Mitte finden
- Hören auf die eigene innere Führung

* Zitiert nach Dr. Edward Bach: *Heal Thyself – Heile Dich Selbst,* S.4, 9,13, Rohr Verlag, München 1978; vergriffen

- Dankbarkeit für das, was wir sind und erhalten
- Unterscheidungskraft für das Wesentliche

Auch der inzwischen hinübergegangene indianische Heiler Sun Bear verfolgte einen gleichartigen Ansatz. Er bezeichnet als die zwei wichtigsten Faktoren für Gesundheit das Überwinden von negativen Blockaden und die Entwicklung von positiven, lebensbejahenden Einstellungen.

Wir können Krankheiten auf vielerlei andere Arten und Weisen einordnen. Wir unterscheiden vielleicht zwischen akuten und chronischen Beschwerden oder zwischen schmerzhaften und schmerzlosen Krankheiten. Wir sprechen zum Beispiel von heilbaren und (angeblich) unheilbaren Leiden, von angeborenen Erbkrankheiten, Unfallfolgen oder Beschwerden aufgrund ungesunder Lebensführung.

Körperliche, mentale, emotionale und spirituelle Gesundheit

Bei körperlichen Krankheiten müssen wir uns fragen, inwiefern wir selbst diese Leiden durch falsche Lebensführung, ungesunde Ernährung, schlechte Gewohnheiten und so fort verursacht haben und was wir an uns selbst ändern müssen, um wieder eine relativ optimale Gesundheit zu erzielen. Sollten wir feststellen, dass manche Leiden »karmisch«, also schicksalhaft bedingt sind, oder sollten sie uns »unabänderlich« scheinen, werden wir uns zwar weiterhin um eine Linderung bemühen, unsere Chance auf Gesundheit besteht dann aber vor allem darin, dass wir innerlich positiv gestimmt bleiben – zum Beispiel durch die Entwicklung der erwähnten sieben geistigen Heilkräfte nach Edward Bach.

Mentale Störungen können wir recht einfach heilen, wenn wir bereit sind, unsere Denkweise zu überprüfen und Stress nach und nach aus unserem Lebensalltag zu verbannen. Dazu gehören vor allem die Erkenntnis und der Wille, sich von überholten Denkmustern zu lösen.

Emotionale Leiden können wir heilen, indem wir damit beginnen, uns einzugestehen, dass wir tief in uns eine Sehnsucht nach wahrer und dauernder Liebe tragen, die bislang noch unerfüllt geblieben ist. Der nächste Schritt ist, selbst Liebe auszustrahlen. Nach dem Gesetz der Resonanz werden wir dann liebevollen Menschen und Situationen begegnen.

Die »Krankheit der Seele« besteht darin, dass wir uns noch nicht als Seele erkannt haben, dass wir noch mehr oder weniger unbewusst sind und uns mehr mit der vorübergehenden Materie identifizieren als mit unserer göttlichen Heimat. Die schöpferische Kraft des Göttlichen durchströmt und erhält zwar alles, wir nehmen sie aber bewusst noch nicht wahr. Deshalb verlieren wir uns oft im Äußerlichen und den Leiden von Körper und Gemüt, wir verzweifeln und verlieren den Lebensmut angesichts der Not und des Chaos in der Welt. Wir wissen nicht, wie wir die Angst vor Sinnlosigkeit und Tod überwinden können.

Heilung auf der Ebene der Seele erfahren wir erst dann, wenn wir entdecken – modern gesprochen – dass wir nicht das Auto, der Reifen oder der Motor sind, sondern der Autofahrer. Die Heilung der Seele beginnt dann, wenn wir nicht nur Benzin und Öl, Schmiermittel, Kühlflüssigkeit und Luft nachfüllen, sondern den Autofahrer stärken – also uns als Spirit oder Seele –, und wenn dieser Fahrer beginnt zu bemerken, dass er selbst weitgehend darüber bestimmen kann, wohin und wie sein Auto fährt.

Vielleicht ist das Bild aus der Zeit der Kutschen deutlicher: Solange die Pferde (das Gemüt, das Ego) machen, was sie wollen und der Kutscher schläft oder die Zügel gar nicht zu gebrauchen weiß, solange ist das Risiko hoch, dass die Kutsche immer wieder vom Weg abkommt. Sobald der Kutscher aber seine Aufgabe bewusst ausfüllt, sind die Chancen sehr viel besser, dass die Kutsche und vor allem aber der Kutscher wohlbehalten ans Ziel gelangen.

Gesundheit ist nach all dem bisher Gesagten einerseits das relative Freisein von körperlichen und seelischen Schmerzen und Beschwerden, beruht andererseits aber offensichtlich vor allem auf einer positiven geistigen Lebenseinstellung und der aktiven Harmonie zwischen unserem Tages- oder Alltagsbewusstsein und unserem höheren Bewusstsein oder dem Selbst beziehungsweise der Seele. Krankheit ist eine Störung dieser Verbindung zwischen dem höheren Bewusstsein und dem Ich, die sich in Symptomen ausdrückt. Zu ihrer Behandlung sind sowohl die Linderung der Symptome wie die Beseitigung der Ursachen richtig und wichtig. Zahlreiche Leiden sind heilbar, aber nicht alle. Es gehört damit zu unserer Lebensaufgabe, dass wir herausfinden, was wir lindern, heilen oder ändern können und was wir einfach demütig und voller Vertrauen in die Kraft annehmen müssen, auch in Schwierigkeiten schöpferisch zu leben.

Bewährte einfache Schritte zur ganzheitlichen Gesundheit

Konkrete Hinweise, wenn auch nur als Stichworte. Sie selbst sind Mann beziehungsweise Frau genug, sie praktisch umzusetzen:

- Positive Grundeinstellung zum Leben

- Gesunde Ernährung mit frischen Lebensmitteln
- Verwendung natürlicher Ernährungszusätze und Heilmittel
- Innere und äußere Aufrichtung und Aufrichtigkeit
- Regelmäßige körperliche Bewegung
- Sonne und viel frische Luft
- Natürliche Vollatmung aus der Mitte
- Seelische Heilung durch Gebet, Meditation, Innenschau
- Bewusste Annahme von Aufgaben und Herausforderungen
- Bereitschaft zu Verantwortung, Erfolg und Erfüllung
- Leben aus Dankbarkeit, Vertrauen und Liebe
- Lebensfreude!

Krankheit als Botschaft – Gesundheit als Chance

Wir gehen davon aus, dass hinter jede Krankheit eine Botschaft steckt. Man muss bedenken: Der Körper ist ja die letzte Instanz, die uns zeigen kann, dass etwas nicht im Gleichgewicht ist beziehungsweise unpassend gelebt wird.

Es beginnt meist im mentalen Bereich. Man ist unausgeglichen, oftmals unbegründet gereizt und hat einfach alles satt. Eine innere Unzufriedenheit macht sich breit, die wir meist durch Ablenkungen und Verdrängung ganz gut hinbekommen.

Die nächste Stufe ist dann, dass man sich im seelischen Bereich immer weniger wohlfühlt. Eine massive Erschöpfung, Rückzug, Kraftlosigkeit, diffuse Traurigkeit bis hin zur ausgewachsenen Depressionen sind mögliche Folgen. Meist reagieren wir an diesem Punkt schon eher auf die

Botschaft unserer Seele. Leider aber nicht immer erfolgreich. Denn oftmals geht die Einschränkung bereits in den körperlichen Bereich. Wir sprechen nun von sporadisch auftretenden Krankheiten, die wir im Normalfall wieder ausheilen können.

Diese Zusammenhänge wurden mir (Jutta) so richtig bewusst, als ich mit Reiki-Heil- und Engelarbeit begann. Ein Kollege kam damals mit einem extrem starken Tinnitus zu mir, gegen den die Schulmedizin machtlos war. Sämtliche Krankenhausaufenthalte mit Infusionen und anderes führten zu keinerlei Erfolg. Er war verzweifelt und kurz davor, durchzudrehen. Schließlich war das Tinnitus-Geräusch im rechten Ohr so massiv, als würde permanent ein Zug durch seinen Kopf fahren.

Wir begannen mit dem Engel-Reiki, zweimal pro Woche. Nach zwei Wochen begann er seine Beziehung zu hinterfragen, stellte sich einigen unangenehmen Wahrheiten, ließ seine Gefühle zu. Die nächsten Tage ging es bei ihm ziemlich drunter und drüber, aber er konnte nach und nach seine Gedanken und Gefühle ordnen und wusste nun, dass seine Beziehung nur noch reine Fassade war. Seine Partnerin, die das schon länger gespürt hatte, aber bislang nichts verändern wollte, sprach es in dieser Phase aus, und beide trennten sich. Nach sechs Wochen ließ der Tinnitus nach und drei Monate später war der Mann beschwerdefrei.

Das ist natürlich kein Patentrezept. Bei jedem Menschen wird sich ein Tinnitus auf etwas anderes beziehen, und eine Trennung wird nur in einigen wenigen Fällen eine Lösung sein. Jedoch ist es oft ein Lebensumbruch und der Mut zur Veränderung, der wie in diesem Fall zum Erfolg führt. Und nicht immer funktioniert das so reibungslos. Gibt es doch körperliche Einschränkungen, die wir uns für dieses Leben vorgenommen haben – als Lern- und Entwicklungsprogramme. Oft gehen Hintergründe und Ursachen dafür bis in die Kindheit zurück, was die Seele dann aber bereits im Vorfeld wusste, denn wir (und nur wir) suchen uns die passende Familie und die Umstände für dieses Leben aus.

Meine Mutter beispielsweise war sehr oft und viel krank. Von Gallenkoliken bis hin zu einem nervösen Herzleiden, es gab nicht viele unbeschwerte Zeiten, in denen sie sich wirklich wohlfühlte. Wir hatten eine harmonische Mutter-Tochter-Beziehung, die jedoch von diesen Einschränkungen absolut überschattet war. Als Kind hatte ich immer wieder Angst, sie zu verlieren. Es gab auch Zeiten, in denen ich der Schule fern und zu Hause blieb, um ihr zu helfen oder mich um sie zu kümmern. Mein Vater, ein wunderbarer und sehr belastbarer Ehemann, tat sein Möglichstes, um mitzuhelfen, und auch meine Schwestern und meine Großmutter waren meistens zur Stelle. Aber es gab doch Zeiten, wo ich diese Belastung allein zu tragen hatte und den Arzt oder die Rettung rufen musste.

Erst später (im Zuge von mentaler Arbeit, Familienaufstellung und anderem) wurde mir bewusst, dass ich sie ab und zu doch ein Stück auf meinen Schultern getragen habe und die Mutter-Kind-Rolle umgedreht wurde. Das wirkte sich auf längere Sicht in meinem Leben aus. Schon als junger Mensch hatte ich Probleme mit dem Ischiasnerv, der dann in ein Bandscheibenproblem überging. Die Krönung in dieser Hinsicht war ein Bandscheibenvorfall vor einigen Jahren. Das bedeutete drei Wochen absolute Pause, dann Physiotherapie und in Folge ein konsequentes Training der passenden Turnübungen und Bewegungen.

Ich hatte während dieser Wochen genügend Zeit, um über alle Themen nachzudenken, die ich auf meinen Schultern trug, und von denen ich mit der Zeit dann doch einige abwerfen konnte. Außerdem öffnete ich mich, auf Anraten eines befreundeten Shiatsu-Meisters, nach Langem wieder für Musik und Tanz. Ich spielte fortan immer wieder meine Lieblingsmusiken und bewegte mich dabei nach Gefühl. Ich tanzte meine Schmerzen und Einschränkungen förmlich weg. Es funktionierte tatsächlich! Wenn es mir nicht gutgeht oder ich wieder einen beginnenden Schmerz spüre, mache ich das auch jetzt noch. Und ich achte auf mehr Ausgewogenheit in meinem Alltag. Das ist nicht leicht, aber ich bin auf dem Weg!

Manchmal übernehmen wir etwas von den Eltern, womit wir bei uns etwas bewirken oder lösen können. Auch die Beschwerden unserer Ahnen bringen uns weiter. Klingt das etwas unverständlich für Sie? Hier noch ein selbst erlebtes Beispiel dazu: Als ich mit meinem spirituellen Weg begann, wurde mir nicht nur eine Menge bewusst, sondern es tat sich auch viel im körperlichen Bereich. Viele ungeweinte Tränen, eine Menge ungelebte Gefühle und unausgesprochene Worte lösten sich durch meine Haut. Klingt unglaublich, war aber so. Nach einigen Wochen Reiki- und Engelarbeit bekam ich nach und nach ein Ekzem, eine leichte Neurodermitis und die Schuppenflechte meines Vaters – alle drei Krankheiten auf beiden Beinen von den Knien abwärts. Innerhalb von drei Wochen waren diese drei Symptome da, juckten extrem und waren nicht schön anzuschauen.

Ich ging zu einem Freund, der ein wunderbarer und sehr erfahrener Homöopath war und ist, und dieser stellte fest, nachdem er mich ausgetestet hatte, dass es meine Haut übernahm, Altlasten und eine Menge Ängste und Einschränkungen bis in die Kindheit zurück zu lösen. Er sagte damals zu mir: »Sei froh, dass das deine Haut übernimmt, sonst wäre es ein Verdauungsorgan oder etwas anderes, und du müsstest liegen oder wärst im Krankenhaus.«

Das war natürlich ein ganz anderer als der übliche Zugang und eine sehr ungewöhnliche Sichtweise, die mir jedoch half. Drei Monate und ein paar homöopathische Mittel (und viel Disziplin inklusive Geduld) später lösten sich die drei Hautkrankheiten nach und nach auf, so wie sie gekommen waren, aber in umgekehrter Reihenfolge. Auch die genetisch bedingte Schuppenflechte, die ich damals von meinem Vater übernommen hatte, ist seither nie mehr aufgetreten. Abschließend sei allerdings angemerkt, dass ich natürlich immer wieder den Erzengel Raphael mit all seinen Heilengeln aktiviert und um Hilfe gebeten habe. Ich bin davon überzeugt, dass es dadurch schneller und sanfter ablief. Nach der Heilung habe ich mich auch sehr herzlich bei allen bedankt.

Erfahrungen und Überlegungen zum Thema Krebs

Und was ist mit Krebs? Was ist mit dieser schlimmen Krankheit? Da gibt es selbstverständlich keine allgemeingültige Antwort. Wir wissen nur, dass Krebs immer etwas mit Liebe zu tun hat. Irgendetwas ist bei den Betroffenen nicht in der ausgewogenen und positiven Harmonie – mit der eigenen Person oder auch anderen. Auch hier müssen wir unterscheiden, ob Krebs in diesem Leben als Prüfung angenommen wurde oder auftritt, weil wir massiv gegen unsere Seele leben.

Ich denke hier an zwei Freunde, die beide an Krebs gestorben sind. Der eine, wir nennen ihn hier Werner, bekam sehr jung Muskelkrebs, der im rechten Oberschenkel mit einem bösartigen Tumor begann. Natürlich wollten ihm die Ärzte so schnell wie möglich das Bein amputieren, um damit den Krebs zu stoppen. Er ließ dies jedoch nicht zu, weil er nicht als Krüppel weiterleben wollte.

Werner war jede Woche mindestens einmal bei mir, um sich die liebevolle Energie der Engel in Kombination mit Reiki zu holen, er war mental und auch seelisch sehr stark. Er war davon überzeugt, dass diese Krankheit für ihn vorgesehen war. Dennoch nahm er den Kampf auf und glaubte daran, dass er trotzdem weiterleben werde. Der Krebs war jedoch leider nicht heilbar, was seine Seele schon ganz genau wusste. Er nahm diesen Weg ohne Wenn und Aber auf sich, motivierte sich immer wieder, blieb bis zum Ende absolut positiv und nutzte alle Hilfen, die er bekommen konnte. Ohne Todeskampf und sehr friedlich schlief er hinüber. Natürlich war es für uns alle und vor allem für seine Familie sehr traurig, denn er war ja noch ein junger Mensch. Trotzdem hatte man das Gefühl, dass er »fertig« war und dass es gut war, so wie es war.

Beim zweiten Freund, wir nennen ihn hier Klaus, veränderte sich ein Muttermal am linken Oberarm. Sämtliche Familienmitglieder und Freunde, alle Menschen, die es sahen, rieten ihm, zum Hautarzt zu gehen. Er verweigerte das. Als er sich endlich untersuchen ließ, war es zu spät. Es war bereits ein Karzinom und damit Hautkrebs. Es ging ziemlich schnell, und auch er ließ eine todtraurige Familie zurück. Warum war er nicht früher zum Arzt gegangen? Wer will das beurteilen, wer hat die Antwort darauf? Von meiner subjektiven Sicht aus – und ich habe natürlich die Engel danach gefragt – hätte sein Leben noch nicht zu Ende sein müssen. Er hätte es also vielleicht verhindern können, der Krebs war als Todesursache so nicht vorgesehen. Aber wir dürfen nicht vergessen, dass wir die Wahl- und Entscheidungsfreiheit haben und immer wieder unsere Pläne und den Verlauf unseres Lebens hier auf der Erde ändern können.

Wir kennen auch einige Frauen, die nach einer gescheiterten schwierigen Beziehung Brust- oder Gebärmutterkrebs bekamen. Oftmals, das wurde mir von einem befreundeten Hospizarzt bestätigt, kommt diese Krankheit nach einer schmerzvollen Trennung, also dann, wenn alles eigentlich bereits vorbei ist. Das könnte darauf hinweisen, dass Krebs als Folge von Jahren auftritt, die von Lieblosigkeiten, Einsamkeit, Traurigkeit und Unzufriedenheit geprägt sind. Konnten diese Frauen ihre Weiblichkeit nicht mehr ausleben (was auf die Krebsarzt hinweist) oder haben sie zu lange einen Lebensstil gegen ihre Bestimmung, gegen den eigentlichen Lebensweg, letztendlich gegen ihre Seele, gewählt?

Das alles sind Fragen, die man nicht generell und schon gar nicht auf die Schnelle beantworten kann, und das maßen wir uns auch nicht an. Dazu müsste man den betroffenen Menschen und seine Hintergründe wirklich genauestens kennen, ebenso den Krankheitsverlauf. Ansonsten würde es auf ein Bewerten oder Beurteilen hinauslaufen, was uns in keinem Falle zusteht.

Ich habe Ihnen schon in einem der vorherigen Kapitel von der angeblichen Krebserkrankung meines Vaters erzählt, die Gott sei Dank keine war. Der Tumor stellte sich als gutartig heraus, und es geht ihm nun ein Jahr danach sehr gut. Er wurde im August 2011 84 Jahre und ist nach wie vor geistig und körperlich sehr agil.

Vor Jahren, als ich mit den Engelberatungen anfing, also die Engelbotschaften so richtig zu fließen begannen, bekam ich von meinem Schutzengel für meine Eltern die

Botschaft mit, dass eine Krebserkrankung für beide in diesem Leben nicht vorgesehen sei. Als meine Mutter vor zwei Jahren starb, war es ein Immer-schwächer-Werden, ein Aushauchen und ein sehr sanftes Hinübergleiten in den geistigen Bereich. Wir durften sie dabei begleiten und sind dafür sehr dankbar. Hier also hat sich die Botschaft bewahrheitet. Als uns die Ärzte mitteilten, dass mein Vater Bauchspeicheldrüsenkrebs und nicht mehr viel Zeit hat, war ich geschockt und zutiefst verunsichert. Ich fragte meine Engel und bekam als Antwort, dass es kein Krebs sei. Natürlich dachte ich, beziehungsweise mein Verstand, dass das jetzt Wunschdenken sei und ich die Diagnose nicht annehmen möchte oder kann. Trotzdem war diese Engelinformation immer wieder da, auch beim Aufwachen und kurz vor dem Einschlafen (also im Alpha-Zustand, wenn die Ratio ausgeschaltet ist und wir am meisten spüren und intensivst mit der geistigen Welt verbunden sind). Immer wieder sagte mir mein Schutzengel Max, ich solle mir keine Sorgen machen, da sei kein Krebs. Es hat sich bewahrheitet. Wir alle, mein Vater, meine zwei Schwestern und ich, konnten es erst gar nicht glauben. Es war dann ein wunderbarer Jahresbeginn 2011, als sicher war, dass der Tumor wirklich gutartig war. Man kann den Engeln vertrauen und auf ihre Botschaften hören. Es gibt immer wieder Wunder, auch im eigenen Leben, und manche scheinbar unmöglichen und unerfüllbaren Wünsche realisieren sich dann doch noch.

Es gäbe hierzu noch so viel zu erzählen, eine Unmenge von Beispielen würde uns zu diesem Thema einfallen. Alle erzählten Beispiele sind genau so erlebt worden und passiert, es sind keine freien Erzählungen, Märchen oder fiktiven Geschichten – wie das übrigens ebenso für alle anderen Beispiele in allen unseren Büchern zutrifft.

Die kraftvollen Helfer

Erzengel Raphael, dazu die Heilengel und die Vielzahl der Naturwesen und Naturgeister stehen uns in gesundheitlichen Belangen als Helfer zur Seite.

Erzengel Raphael

»Gott hat geheilt«, das bedeutet bereits sein Name. Im Buch Tobit (in der katholischen Bibel im Alten Testament, nicht in der protestantischen Bibel enthalten), agiert Raphael als Begleiter des Tobias, des Sohnes des alten und kranken Tobit. Er hilft ihm, das väterliche Erbe zurückzuerlangen und heilt Tobit, indem er ihm seinen Speichel auf die Augen reibt. Erst am Ende der Reise von Media nach Ninive offenbart sich Raphael als einer der sieben Erzengel am Throne Gottes und nennt selbst seinen Namen.

Raphael ist der Heilengel schlechthin. Er sieht und heilt alle Wunden der Menschen, er heilt aber auch die Erde, die Wohnstatt und Zuflucht der Menschen ist. Raphael erscheint mit Michael und Gabriel dem Erzvater Abraham und heilt dessen schmerzhafte Wunde nach der Beschneidung. Außerdem heilt er die Verletzung des Jakob, nachdem dieser mit einem »dunklen Engel« gerungen hat.

Raphael soll Noah nach dem Ende der Sintflut eine Schrift mit den Grundlagen und Geheimnissen der Heilkunde übergeben haben; vielleicht das *Sefer Raziel,* das Buch des Engels Ratziel. Raphael gilt weiter als Regent der Sonne, Haupt des Engelordens der »Tugenden«, Aufseher der Abendwinde, Hüter des Baums des Lebens im Garten Eden. Vor allem aber ist und bleibt er der Engel der Heilung und damit auch der Heilkunde und des Heilwissens. Nach Francis Barrett gehört Raphael sowohl zu den Seraphim als auch zu den Cherubim und zu weiteren Engelorden.

Schließlich: Als Salomon Gott um Hilfe beim Bau des Tempels bat, entsandte Gott den Erzengel Raphael, der dem hebräischen König höchstpersönlich einen magischen Ring überbrachte. So zumindest eine beliebte jüdische Legende. Der Ring war mit einem fünfzackigen Stern graviert, der half, alle dämonischen Mächte zu beherrschen.

Wünsche wahr machen

Erzengel Raphael erinnert uns an die eigene innere Heilkraft und segnet uns bei jedem Schritt. Er erinnert uns daran, dass auch wir uns selbst segnen können und sollen, um Heilung zu erlangen.

Wenn Sie sich nicht wohlfühlen, egal ob körperlich, seelisch oder geistig, könnte Ihnen das folgende Ritual helfen.

ÜBUNG

Wunschritual mit Erzengel Raphael

Ich stelle mich unter die Dusche, das Wasser ist angenehm, genauso, wie ich es im Moment gerne mag. Ich ersuche den Erzengel Raphael, seine Heilenergie mit dem Wasser über mich fließen zu lassen. Ich spüre die liebevolle Energie des Erzengels Raphael und genieße seinen grünen Lichtstrahl und das warme, weiche Wasser, das angereichert ist mit der Liebe und Heilkraft dieses wunderbaren Erzengels.

Ich nehme mir ausreichend Zeit, schließe die Augen und lasse alles abfließen, was mich belastet, einengt, blockiert und krank macht. Nach und nach spüre ich eine Menge Kraft, Zuversicht, Gesundheit und Liebe in mir. Ich öffne die Augen und beende das Ritual, indem ich aus der Dusche steige und mich beim Erzengel Raphael bedanke. Dann lege ich mich noch zehn Minuten auf mein Bett und lasse alles nachwirken. Ich fühle mich wohl und geborgen und durch und durch heil.

Heilengel

Ähnlich wie Karmaengel sind Heilengel eine für uns ansonsten namenlose Gruppe von Engeln, die sich der Heilung und der Gesundheit der Menschen widmen. Ihnen geht es vor allem um eine Krankheiten vorbeugende und achtsame Lebensweise. Sie geben uns sanfte Impulse, wenn wir dabei sind, etwas zu trinken oder zu essen beziehungsweise etwas zu unternehmen, was unserer Gesundheit schaden würde. Sie senden uns Hinweise, wenn wir nach Therapeuten oder Methoden suchen, um Beschwerden oder Krankheiten zu lindern und zu heilen. Achten Sie auf solche feinen Zeichen?

Wünsche wahr machen

Die namenlosen Heilengel können und dürfen wir um Beistand und Linderung bitten sowie um Impulse und Informationen darüber, wie wir dazu beitragen können, die Wünsche für Gesundheit und Heilung für uns selbst und andere Menschen zu erfüllen.

Naturwesen und Naturgeister als Helfer

Die Naturgeister gelten hier auf Erden als die fleißigen Hände der Engel, hervorgebracht durch die geistige Kraft der Engelwesen. Naturgeister sind feinstoffliche Wesen, die meist sehr scheu sind. Sie fürchten Lärm, Verschmutzung, Hektik und negative Energien und ziehen sich schnell zurück, wenn es ihnen zu laut oder zu eng wird. Die Scharen der Naturgeister lassen sich den vier Elementen Feuer (Salamander, Feuerfeen), Wasser (Undinen, Nixen, Nereiden, Wasserfeen, Wassermänner), Erde (Gnome, Zwerge, Kobolde, Trolle, Wichtelmänner, Elfen, Nymphen, Feen der Berge, Wälder und Felder) und Luft (Sylphen, Luftfeen) zuordnen. Naturgeister sind damit Wesen, die die vier Elemente bewohnen und bewegen – Erde, Wasser, Luft und Feuer. Sie sind für Menschen sichtbar, die noch in engem Kontakt mit der Natur leben, ebenso wie für Kinder. Auch Steinwesen und Wurzelwesen gehören dazu.

Wünsche wahr machen

Wir können unsere eigene Naturkraft durch bewusstes Trinken und Essen stärken – also klares, gutes Wasser, naturnahe Lebensmittel, dabei viel pflanzliche Nahrung. So helfen wir unserer körperlichen und mentalen Präsenz, Wünsche zu manifestieren.

Lachen Sie nicht, wenn Ihnen Ihr Kind von Elfen, Gnomen oder Zwergen erzählt, mit denen es gespielt hat. Kinder sind noch offener und empfänglicher für diese Wesen und können sie auch noch sehen. Sie sehen ja auch ihren Schutzengel und unterhalten sich mit ihm. Wollen wir Erwachsenen solche Erfahrungen machen, müssen wir uns wieder zentrieren, innerlich völlig zur Ruhe kommen und uns für diese zarten und sanften Schwingungen öffnen, um sie empfangen zu können.

Naturgeister wirken als die Schutzengel für Tiere und Pflanzen. Jede Blume, jeder Grashalm hat einen solchen, von unseren Haustieren ganz zu schweigen, da ist oft eine ganze Legion dieser kleinen Wesen am Werk, um es zu beschützen. Aber auch für größere Natur- und Lebensräume gibt es die passenden und zuständigen Helferlein.

Es kann nicht schaden, wenn wir davon ausgehen, dass in unserem Garten und in der freien Natur eine Menge dieser kleinen Wesen positiv am Werk sind, und sie entsprechend beachten und mit einbeziehen. In einem vorigen Kapitel haben wir schon darüber geschrieben, worüber sich unsere Naturgeister freuen, wissen Sie noch? Da lautete der Vorschlag, ihnen guten Tabak oder feine Pralinen zu schenken. Als kleines Dankeschön sozusagen. Und über das Gnomi-Eck in der kalten Jahreszeit wissen Sie auch schon Bescheid. Darüber hinaus gibt es noch eine sehr wirksame und direkte Art, die Naturgeister in unseren Jahresablauf zu integrieren: Jedes Mal, wenn wir den Rasen mähen oder eine Hecke schneiden wollen, sagen wir das vorher dem zuständigen Naturgeist, wir kündigen es sozusagen an. Das klingt vielleicht wieder etwas seltsam, wenn nicht zu sagen sonderlich, aber es hat einen wirklich wichtigen Hintergrund. Die zuständige Elfe oder der betreffende Gnom kann dann nämlich seine Pflanzen darauf vorbereiten, damit sie nicht Schaden nehmen, weil sie zum Beispiel zu viel Saft verlieren. Außerdem werden all die kleinen Tiere vorher umgesiedelt, damit sie nicht beim Rasen- oder Heckenschnitt verletzt oder getötet werden. Das betrifft natürlich auch die Blumen, die wir für einen Strauß abschneiden beziehungsweise das Gemüse, das geerntet wird.

Ab und an sollten wir uns auch bei Mutter Erde für ihre Geschenke bedanken, die wir täglich bewundern oder auch nutzen dürfen. Die Indianer hatten beziehungsweise haben nach wie vor ihre Dankesrituale, und auch sie fragen beim zuständigen Pflanzengeist an, ob sie eine bestimmte Pflanze nehmen dürfen. Und vielleicht ist es ja so: Wer derartig sensibel auf seine Umgebung achtet, bemerkt sicherlich mit der Zeit auch mit immer feineren Sinnen die Bedürfnisse seines Körpers und seine Heilung.

9.
Lebensträume und Lebensräume

Weil du es dir wert sein solltest!
Erzengel Zadkiel – Meister Hilarion – Devas

Engelfrage

Frage: Wie kann ich mir bei großen Wünschen sicher sein, dass es sich um einen Lebenstraum und nicht um eine Illusion handelt?
Antwort: Achte auf meine Zeichen und Botschaften, die ich dir laufend zukommen lasse. Erlaube dir deine Vision und spüre in dich hinein, wie sie sich anfühlt, ob sie sich echt anfühlt. Wenn du dir einen Lebenswunsch vorstellst und du spürst dabei irgendeine Art von Druck oder eine etwas einengende, beklemmende Energie, dann kannst du davon ausgehen, dass es eine Illusion oder eine Vorstellung im Kopf ist, auf keinen Fall ein Lebenstraum. Ein Zeichen

für eine Illusion ist, wenn du dich extrem plagen musst, um diesen »Traum« zu verwirklichen, wenn es fast ein Erzwingen wird.

Ein echter Lebenstraum erfüllt sich im Laufe der Zeit wie von selbst, wenn du ihn auf die Reise schickst und die Ergebnisse einfach zu dir kommen lässt. Glaube mir, wenn der Zeitpunkt passt und du offen dafür bist und es dir erlaubst, wird sich dein Traum erfüllen. Das Gleiche gilt natürlich für einen neuen und positiven Lebensraum, egal welcher Art. Hinterfrage genau, wo und wann du Freiräume brauchst, sei großzügig dir gegenüber und marschiere mutig los, auch wenn es anfangs ungewohnt ist, mehr Freiraum für sich selbst zu haben. Bleib dran, wo du etwas für dich erweitern kannst und willst. Was wolltest du schon immer gern einmal machen und hast es immer wieder verschoben?

Erst wenn du dir ganz sicher bist, wird sich dieses Thema dir zeigen. Es gibt so viele Möglichkeiten – ich bin neben dir und führe dich zu der für dich idealen und passenden. Noch einmal: Achte auf meine Zeichen und Hinweise, auf meine spielerischen Botschaften. Öffne dich dafür.

Was ist wirklich wünschenswert?

Ja, das ist tatsächlich eine zentrale Frage. Denn allzu leicht und viel zu häufig haben sich viele Menschen in den letzten zehn Jahren in aufgebauschten Hoffnungen verloren, wie einfach doch der Weg zur Wunscherfüllung durch Bestellungen, durch das Gesetz der Anziehung und weitere Resonanzgesetze, durch Quantenarbeit und vieles andere mehr angeblich sein sollte. Da ist doch fast immer zu viel versprochen worden – sodass nach kurzer Zeit geklärt werden musste, warum Bestellungen doch nicht richtig angekommen seien oder warum die Wunscherfüllung trotz äußerer und innerer Resonanz mit den Harmonien, dem Kosmos und allen möglichen Schwingungen doch nicht geklappt hat. Haben wir vielleicht zwei Dinge im esoterischen Überschwang oder in einer gewissen Weltflucht und durch Realitätsverlust falsch eingeschätzt? Diese zwei Fragen sollten wir uns stellen:

1. Wissen wir wirklich, was gut für uns ist? Was sich zu wünschen lohnt? Wofür es sich zu arbeiten lohnt, sich einzusetzen mit Körper, Geist und Seele? Was unseren Lebensaufgaben am meisten dient? Haben wir uns Ziele gesteckt, für deren Umsetzung wir eigene praktische Schritte unternehmen?
2. Steckt vielleicht hinter manchen Anziehungsvorstellungen, Wunschbestellungen, positiven Affirmationen und so fort in Wahrheit ein spirituell verbrämter Materialismus? Schieben wir unsere Öffnung für unsere vermeintliche Resonanz mit der Lichtebene und den Lichtwesen vor, weil wir der Eigenverantwortung aus dem Weg gehen wollen? Weil wir vermeiden wollen, eine nüchterne Einschätzung unserer Stärken und Schwächen vorzunehmen? Weil uns die Demut fehlt – und das, weil wir noch gar keine echte Verbindung zu spirituellen Kräften aufgebaut haben –, anzunehmen, was im Sinne des Großen und Ganzen für alle Beteiligten zum höchsten und besten Wohle ist?

Eine einfache Antwort möchten wir anbieten. Wir wissen, dass es sehr viele unterschiedliche Antworten auf diese Fragen gibt, die genauso gut oder besser sind. Hier aber ist unsere: Wünschenswert ist – und das wünsche ich mir (Jutta genauso wie Wulfing) aus tiefstem Herzen und höchster Seele, und darauf richte ich mein bewusstes Sein immer wieder neu aus –,

- dass ich menschlich werde, bin und bleibe,
- dass ich selbstständig Verantwortung übernehme, das Leben schöpferisch zu gestalten, wo es stimmig und möglich ist,
- dass ich zugleich akzeptiere, dass dies nicht immer und überall umsetzbar sein wird,
- dass ich meine Lebensfreude und meine Dankbarkeit für das Wunder des Lebens nicht davon abhängig mache, ob sich bestimmte Wünsche verwirklichen oder auf welche Weise sie erfüllt werden.

Unsere Antwort soll Ihnen als Impuls dafür dienen, dass Sie selbst Ihre eigenen Antworten finden. Denn Antworten auf die Frage, was wirklich wünschenswert ist, können sich naturgemäß im Laufe des Lebens verändern, weiterentwickeln. Und damit kein Missverständnis aufkommt: Wir sind für aktives Wünschen und für die Bitte um Hilfe durch den Himmel – aber nur dann, wenn wir uns in keine Wahnvorstellungen steigern, und unsere Eigenverantwortung erkennen und annehmen und uns selbst einsetzen.

Lebensträume

Noch einmal spezieller die Frage: Was ist ein echter Lebenstraum und was existiert nur als Wunschdenken in unseren Köpfen? Schauen wir uns unser Umfeld an und auch uns selbst. Alles muss möglichst schnell gehen, jeder möchte alles innerhalb von kürzester Zeit erreichen und erhalten. Jugendwahn mit Schönheitsoperationen gehören fast schon zum Normalverbraucher. Das Gesicht wahren vor den Nachbarn, Kollegen und sogenannten Freunden hat Priorität und ist oftmals der Hintergrund für Schulden und ein Leben über die eigenen Verhältnisse. Fernreisen und Designerküchen, das eigene sehr teuer erkaufte Image und ein oberflächliches Nebeneinander ziehen sich quer durch einige Gesellschaftsstrukturen. Und wie ist das bei mir und bei Ihnen? Welche Lebensträume wollen wir noch verwirklichen? Wo gehen wir hin? Passt die Richtung oder sind wir auf einem Weg unterwegs, den wir uns so nicht vorgenommen hatten?

Auf der anderen Seite, immer mehr Menschen verwirklichen sich die unglaublichsten Träume. Sie gehen auf den Jakobsweg, schreiben ein Buch, malen Bilder, legen einen Garten an, bekommen fünf Kinder, betreuen alte und kranke Menschen, sorgen für Tiere, die sonst niemand mag. Immer mehr Menschen schaffen es, interessante und alternative Wege einzuschlagen, den Sprung in die Selbstständigkeit zu wagen und so weiter. Wir könnten hier noch unglaublich viele Beispiele aufzählen. Herzenswünsche sind eben ein sehr weites Feld und sicherlich nicht in einem einzigen Buch unterzubringen.

Lebensräume

Das schließt auch Lebensräume ein, die wir uns gedanklich, seelisch oder auch materiell schaffen können, wollen und dürfen. Nicht alles braucht man auch im Außen zu leben, einige Themen können ausreichend in der Fantasie, in Gedanken gelebt werden. André Heller sang schon in einem seiner frühen Chansons: »Die wahren Abenteuer sind im Kopf und sind sie nicht im Kopf, so sind sie nirgendwo.« Und wir müssen ihm insofern recht geben, als unsere Träume und Ziele, Wünsche und Sehnsüchte unserer Seele entspringen und dann in unseren Gedanken landen. Sollten sie für gut befunden werden, kann man darangehen, sie umzusetzen und Mittel und Wege zu finden, die Wünsche zu realisieren. Unser Bauchgefühl plus Intuition und die Hilfe der Engel werden das Ganze beschleunigen.

Wie ich (Jutta) in Kapitel 6 bereits angekündigt habe, möchte ich Ihnen nun detaillierter erzählen, was ich mit meinem kleinen Eigenheim von der Vertragsausfertigung bis zum Einzug alles erleben durfte. Ich entdeckte mein Haus auf einer Internet-Makler-Seite. Nachdem ich es gemeinsam mit Victoria besichtigt hatte, waren wir uns einig, dass es mein neues Zuhause sein wird. Größe von Haus und Garten passten, es war teilrenoviert und sah gut aus.

Ich machte ein Angebot, das etwas unter dem geforderten Preis lag, und es wurde akzeptiert. Ich war am Ziel eines Lebenstraumes, nämlich mein eigenes kleines Häuschen zu haben – mit Garten, alles auf einer Ebene, ohne Keller, eine große Einfahrt, ein Gartenhäuschen, die Lage war perfekt und die Infrastruktur inklusive Anbindung ebenfalls. Es erfüllte fünfundneunzig Prozent meiner Erwartungen, und das ist fast perfekt.

Am Ziel war ich aber noch lange nicht. Drei Wochen nach Vertragsausfertigung starb der Verkäufer mit nur zweiunddreißig Jahren an einem Herzversagen. Daraufhin entbrannte ein Rechtsstreit zwischen meinem Anwalt und dem Notar, der die Verlassenschaft übernommen hatte. Ich begann inzwischen mit den Renovierungsarbeiten, die sich natürlich in jeder Beziehung als viel aufwändiger herausstellten, als vorher zu sehen oder (auch von diesbezüglich versierten männlichen Freunden und Fachleuten) zu vermuten war. Überall, wo man genauer hinsah, war etwas zu richten. Es zeigte sich dann nach einigen Wochen noch ein größerer Wasserschaden in der Wohnzimmerwand, der vorher geschickt verdeckt worden war. Die Dachrinne war desolat, zwei Vordächer komplett unisoliert, die Bodenbeläge waren minderwertig ... Ich erspare Ihnen weitere Details. Um eine Förderung vom Land zu bekommen (die ich unbedingt brauchte, weil ich langsam, aber sicher in Richtung Pleite steuerte), musste ich innerhalb eines Jahres im Grundbuch aufscheinen, was die zwei juristischen Kontrahenten beinahe verhindert hätten.

Ich sanierte also fast elf Monate mein Traumhaus, schwankte zwischen Zuversicht und Verzweiflung und musste alles an Kraft und innerem Urvertrauen aufbieten, was sich so in mir befand. Und natürlich hatte ich die volle Unterstützung meiner Engel, die während dieser Zeit wahrscheinlich im Dauereinsatz waren. Außerdem waren sämtliche positiven und verwandten Seelen im geistigen Bereich involviert und sehr hilfreich – danke an meine Mutter und Großmutter, und auch die männlichen Vorfahren nicht zu vergessen! Dieses Projekt war absolut geführt und geschützt, und das spürte ich auch immer wieder. Meine Engel schickten mir die passenden Firmen, die alles zu einem vernünftigen Preis und fristgerecht erledigten. Dabei gab es ein Universalgenie von einem Polier, der einfach alles wusste und konnte. Es tauchten immer wieder Menschen auf, die mir halfen, und auch unvorhergesehene kleinere und größere Geldbeträge, mit denen es dann letztendlich auch finanziell funktionierte.

Jedes Problem, das sich zeigte, sah anfangs schlimm aus und löste sich dann einfacher auf als befürchtet beziehungsweise gedacht. Um es kurz zu machen: Ich habe es geschafft, wie geplant vor meinem 50. Geburtstag einzuziehen, und auch der Zuschuss vom Land ist schließlich gekommen. Der Rechtsstreit hat sich in letzter Minute aufgelöst, und ich stand nach zehn Monaten endlich im Grundbuch. Am Geburtstag meiner Mutter kam der positive Bescheid in mein neues Haus geflattert. An meinem Geburtstag konnte ich die Vorfinanzierung und sämtliche Geldangelegenheiten diesbezüglich positiv abschließen und das halbe Jahrhundert feiern.

Eines ist gewiss: Ich weiß dieses Haus sehr zu schätzen, fühle mich sehr wohl darin und werde nie vergessen, wie viel Vertrauen von meiner Seite und Hilfe von der geistigen Welt hier hineingeflossen ist. Danke euch allen noch einmal!

Dieses Beispiel ist natürlich ein extremes. Sich selbst ein kleines Häuschen zu kaufen, es so herzurichten, dass man sich darin wohlfühlt und gut leben kann, das ist ein großer Lebenstraum und natürlich auch mit einem Lebensumbruch, einem neuen Lebensabschnitt und mehr Lebensraum verbunden. Kleinere Lebensträume, wie zum Beispiel die Loire-Schlösser anzuschauen oder überhaupt eine Frankreich-Reise zu machen (was mir schon von Jugend an vorschwebt), habe ich erst einmal »eingefroren«. Auf längere Sicht, also in der weiteren Zukunft, werde ich sehen, ob sich dieser Traum nicht als Illusion oder völlig unwichtig herausstellt.

Etwas ganz anderes sind meine Katzen. Von klein auf habe ich Tiere sehr geliebt und wollte immer ein Haustier für mich haben. Aus den verschiedensten Gründen – wir lebten in einer Wohnung und meine Mutter war oft krank – war mir das als Kind und Jugendliche nicht möglich. Aber der Wunsch nach einem kleinen Hund blieb. Meine Engel lächelten damals wahrscheinlich über meine Vorstellungen und Erwartungen an die Zukunft. Denn es kam natürlich ganz anders: Meine Tochter war zwei Jahre alt, als wir in unser damaliges Haus zogen. Ein Jahr später waren wir bei Freunden eingeladen. Wir hatten einen gemütlichen Schwatz bei Kaffee und Kuchen, als meine Tochter, inzwischen drei Jahre, mit einem quietschenden Etwas im Arm zu mir kam. Es war ein Katzenbaby, braun getigert, das kläglich miaute – und schnell unser erstes Haustier wurde. Es folgten noch etliche nach. Aber kein kleiner Hund, sondern immer etwas problematische, arme, verletzte oder ausgesetzte, auf jeden Fall hilfsbedürftige Kätzchen oder Katerchen. Derzeit habe ich zwei Katzen, Luna und Lilly, und zwei Kater, Amor und Tom, die sich in unserem neuen Zuhause sehr wohlfühlen.

Und damit kommen wir zum nächsten Lebenstraum/Lebensraum-Thema. Vor dem Umzug machte ich mir wirklich Sorgen wegen meiner vier Samtpfoten. Es ist ja nicht so einfach (heißt es), Katzen zu verpflanzen. Sie sind hausbezogen, laufen wieder zurück und so weiter. Die ärgsten Szenarien malte ich mir aus, war aber in der Endphase und schon Wochen vor dem Umzug so erschöpft, dass ich beschloss, mir keine Sorgen mehr zu machen, sondern diese Angelegenheit den Umzugs- und Hausengeln zu übergeben. Außerdem aktivierte ich noch den Erzengel Zadkiel, der ja für alle Arten von Abschlüssen zuständig ist.

Und es funktionierte! Tadellos noch dazu. Meine vier Tiger gewöhnten sich unglaublich schnell ein, machten weder Theater noch Probleme und fühlen sich hier wirklich »pudelwohl«. Ich bin allen unseren Schutzengeln (ja, jede Katze, jeder Kater hat auch ihren/seinen eigenen ganz persönlichen Schutzengel) sehr dankbar dafür, denn allein hätte ich das niemals geschafft. Ein großes Dankeschön auch an meine überaus sensitive und äußerst kompetente Tierärztin und Freundin Gabi. Sie ist super unterwegs und lebt ihre Berufung und ihre Herzenergie auf einer starken Seelenebene, über ihr Bauchgefühl und eine unglaubliche Intuition. Und somit ist auch dieser Lebensumbruch für alle Beteiligten gut über die Bühne gegangen und wir können hier neu durchstarten, zum Beispiel mit diesem Buch!

Womit wir schon wieder beim nächsten Thema und Herzenswunsch wären. Denn das war wirklich ein Lebenstraum von mir: ein Buch zu schreiben. Das habe ich Ihnen ja schon mehrmals erzählt, auch wie es dazu kam und dass nur die Engel etwas so perfekt und humorvoll arrangieren können. Um es kurz zu wiederholen: Bei einem Spaziergang mit meinem Vater entdeckte ich ein Hildegard-von-Bingen-Zentrum in einer nahen Stadt, sah mir die Folder an, fand eine Vortragende plus Veranstaltung, an der ich unbedingt teilnehmen wollte und lernte auf diesem Weg Wulfing kennen. Die Engel haben mir sozusagen »die Rutsche gelegt«. Aber aufgestiegen und runtergerutscht bin ich selbst. Unten haben sie mich dann wieder aufgefangen.

Was ich noch so vorhabe in diesem Leben und ob es noch andere Lebensträume gibt? Na klar, eine Menge! Aber eins nach dem anderen. Ich möchte nicht zu weit nach vorn planen, sondern bemühe mich, jeden Tag bewusster zu leben. Da habe ich viel vor. Ich habe ja zudem jetzt eine neue Aufgabe im Büro, ein weiteres Buch zeichnet sich ab ... Das reicht für 2011 und 2012. Was 2013 wird, werden wir dann sehen.

Die kraftvollen Helfer

Erzengel Zadkiel, Meister Hilarion und die Devas (manchmal wird als Mehrzahl von Deva auch Devi genutzt) sind unsere Helfer in allen Fragen der Lebensträume und Lebensräume.

Erzengel Zadkiel

Die »Rechtschaffenheit Gottes«, manche übertragen den Namen auch mit »Wohlwollen Gottes.« Ein Engel der Güte und Barmherzigkeit sowie des guten Gedächtnisses. Er ist das Haupt der Haschmalim. Zadkiel wird zugeschrieben, den Arm Abrahams zurückgehalten zu haben, als dieser bereit war, seinen Sohn Isaak zu opfern (allerdings findet man auch andere Engel in dieser Funktion). Zadkiel soll einer der neun Herrscher des Himmels und (erneut) einer der sieben Erzengel sein.

Erzengel Zadkiel hilft, »unerlöste« Seelenteile beziehungsweise Aspekte des Selbst zu verwandeln und so zu heilen. Dazu dient auch die Einsicht in das Gesetz von Ursache und Wirkung – deshalb »Rechtschaffenheit Gottes«. Allerdings ist dies kein unabänderliches und unbarmherziges Gesetz, wir dürfen uns daran erinnern, dass Gnade und Barmherzigkeit der Schöpferkraft immer größer sind als alle Gesetze, die ja auch aus dieser Quelle fließen.

Zadkiels Themen sind Wachstum, Entwicklung und der Weg zur Vervollkommnung – ohne eine auf Erden ja utopische Vollkommenheit zu einem zwanghaften Ideal zu erheben.

Wünsche wahr machen

Vergeben wir uns, unseren Eltern, Freunden, Verwandten, unseren Partnern und Kindern. Vergeben wir »dem Himmel«, dass er offensichtlich nicht immer macht, was wir uns wünschen.

Der Erzengel Zadkiel ist auch für alles Seelische zuständig, für die Seelenenergie, aber auch für alle Arten und Möglichkeiten von Spiritualität und alles, was damit zusammenhängt. Dazu gehören auch die unsichtbaren Dinge, also alles, was wir als Menschen nicht sehen. Alles Geheimnisvolle und Mystische fällt ebenfalls in seinen Bereich. Mit seiner Hilfe können wir zudem Belange vollkommen abschließen und alles das beenden, was so nicht mehr passt oder tote Energie ist. Das können zum Beispiel alte Muster, kraftraubende Themen und Verletzungen aus der Kindheit sein. Sein Lichtstrahl ist violett und seine Energie sehr kraftvoll. Dieser wunderbare himmlische Helfer ist auch für die juristische Fakultät zuständig, und da meine Tochter Rechtswissenschaften studiert, ersuche ich den Erzengel Zadkiel immer wieder, sie bei allen Anforderungen und Prüfungen und allgemein an der Universität zu unterstützen.

ÜBUNG

Wunschritual mit Erzengel Zadkiel

Ich ersuche den Erzengel Zadkiel, der für meine Seelenenergie zuständig ist, mir bei diesem Ritual zu helfen. Ich wünsche mir von ihm, dass er mit mir im Schlaf eine Seelenreise macht und mir einen Hinweis mitgibt, welchen Lebenstraum ich mir als Nächstes erfüllen darf beziehungsweise kann. Ich frage ihn: Was liegt diesbezüglich auf meinem Weg?

Vor dem Einschlafen stelle ich mir seinen violetten Lichtstrahl vor, der mich einhüllt, ich lege noch Papier und Stift neben mein Bett, und gleich nach dem Aufwachen schreibe ich meine Träume auf, um sie nicht gleich wieder zu vergessen. Das mache ich über drei Nächte hinweg. Erst dann lese ich mir alles durch, und zum passenden Zeitpunkt werde ich die Botschaft des Erzengels Zadkiel verstehen und meinen Traum erkennen und verwirklichen können. Ich danke ihm von Herzen dafür!

Meister Hilarion

Der historische Heilige Hilarion wird als Begründer des Einsiedler-Mönchstums in Syrien und Palästina angesehen. Also einer Lebensform, in der sich ein Mensch ganz aus seiner religiösen Gemeinschaft zurückzieht und möglichst verborgen irgendwo in einem unwegsamen Gelände sein Leben als Asket in Gebet und Meditation zubringt. Hilarion musste der Überlieferung nach wie sein Lehrer Antonius der Große vielfältige Versuchungen und Angriffe durch Dämonen durchleben, bevor er ein Heiliger wurde. Auf Zypern und später auch in Italien und Frankreich entstand eine Art Kult um sein Andenken.

Jeanne Ruland meint, dass Meister Hilarion zunächst als der Apostel Paulus inkarniert gewesen ist, und später dann als der Einsiedler und Wunderheiler Hilarion von Gaza, der in Palästina 291 n. Chr. geboren wurde, in verschiedenen Mittelmeerländern lebte und in Paphos auf Zypern 371 aus dieser Welt ging. Im katholischen Christentum wird Hilarion als Einsiedlermönch dargestellt, er wurde heiliggesprochen.

Der aufgestiegene Meister Hilarion inspiriert uns dazu, unsere Lebensaufgaben zu finden und anzunehmen, in uns selbst zu ruhen und zugleich unseren Platz im Kosmos zu erkennen und zu erfüllen. Er ermutigt uns dazu, eigene Wege zu gehen und eine persönliche Verbindung zum überpersönlichen Bewusstsein aufzubauen.

Wünsche wahr machen

Wir suchen und finden unsere Lebensaufgaben und widmen uns zumindest einer ganz aufrichtig – gleich, ob Erfolge rasch sichtbar werden oder nicht. So tragen wir aktiv dazu bei, dass das Universum uns reicher beschenken kann.

Devas

Im Hinduismus sind Devas Geistwesen, Engel oder Halbgötter, im Buddhismus kosmische Wesen, im New Age Naturgeister. Aus dem Sanskritwort *deva* hat sich das lateinische Wort *deus,* »Gott«, entwickelt.

Im Zusammenhang mit unserem Thema der Lebensräume geht es hier um Pflanzenengel, die alle Pflanzen schützen und pflegen und ihre Entwicklung begleiten. Das entspricht nicht der herkömmlichen Vorstellung, dass Pflanzen seelenlose Organismen seien, die wir einfach wie leblose Materieformen behandeln und nutzen (oder ausbeuten) können, hat sich aber doch als eine erlebbare Wahrheit herausgestellt. Mehr darüber, wie die Achtung vor und die Zusammenarbeit mit den Devas reiche Früchte trägt, schildern die jahrzehntelangen Erlebnisse in Findhorn, der alternativen

Gemeinschaft im unwirtlichen Norden Schottlands. Dort wuchsen dank der liebevollen Betreuung von Pflanzenengeln und der bewussten Einstimmung der Menschen auf diese Wesen auf eigentlich ödem Sandboden am Meer eine Vielzahl von Pflanzen, noch dazu in besonders großen Exemplaren, welche die Gemeinschaft mit ernähren halfen.

Wünsche wahr machen

Die Devas, die Naturgeister, sind auch bei uns in Europa aktiv. Sprechen wir mit ihnen, als ob wir sie sehen könnten! Dann werden sie uns helfen, unsere Schritte in die richtige Richtung zu lenken. Bitten wir sie um Hilfe, um Gemüse, Kräuter oder Obst zu pflanzen, zu pflegen und zu ernten. Bitten wir um ihre Zustimmung, wenn wir mit der Erde und Pflanzen arbeiten. Entwickeln wir dabei in uns eine Haltung der Achtung und der Liebe.

10.

Lebensfreude, Leichtigkeit

Bist du bereit, dir das wirklich zu erlauben?
Die Engel warten nur darauf!
Erzengel Raguel – Meisterin Kuan Yin – Feen und Elfen

Engelfrage

Frage: Was sagst du als mein Engel zum Thema Lebensfreude und Leichtigkeit? Und was gibst du mir als Einstieg mit?

Antwort: Befreie dich in kleinen Schritten von altem unnötigem Ballast, der dich nur blockiert und belastet. Hinterfrage und beobachte genau, was wichtig für dich ist und was nicht. Nimm nicht alles so schwer. Löse dich von Energieräubern und mühsamen Aktivitäten. Lebe deine Begeisterung, lass deine geistigen Fähigkeiten und Begabungen zu und integriere sie in deinen Alltag. Plane nicht zu viel und auf zu lange Zeit hin, sondern lerne, den Moment zu spüren, zu genießen, zu leben. Wenn du das schaffst, wird jeder Tag bewusster von dir wahrgenommen und du vermeidest unnötige Sorgen und Ängste bezüglich deiner Zukunft.

Sei spontan. Nimm vom Leben an, was es dir an Spaß und Fröhlichkeit bietet. Mach Pausen, dann wirst du diese Gelegenheiten und Angebote des Lebens auch bemerken und wahrnehmen. Lass Menschen zu dir, die lachen und heiter sind. Lerne wieder zu spielen wie ein Kind, wenn du dich damit schwertust, dann beobachte Kinder beim Spielen. Dann wirst du verstehen, was ich wirklich damit meine. Vermeide belastende Medienberichte und Filme voller Gewalt und Stress.

Entdecke wieder die schönen Seiten des Lebens, geh in die Natur und spüre ihre liebevolle Leichtigkeit. Bewege dich mehr auf der körperlichen, geistigen und seelischen Ebene. Das ist die Voraussetzung dafür, dass auch du selbst leichter wirst und in Folge mehr Lebensfreude spüren kannst. Nimm meine Hilfe an, ich lebe dir dieses Thema perfekt vor!

Worüber wir uns freuen können

Worüber freuen Sie sich? Wann nehmen Sie das Leben leicht? In welchen Umständen erfahren Sie Lebensfreude und Leichtigkeit? Und wie oft am Tag sind Sie fröhlich? Wie häufig lachen Sie? Hoffentlich ganz oft!

Klar: Manchmal ist das Leben schwer. Stimmt: Es gibt viele Widrigkeiten. Aber es bringt uns ja nicht voran, eher würde es uns deprimieren, ständig darüber nachzudenken, was nicht funktioniert, welche Widerstände es gibt, wie ungut oder böse manche Menschen sind und wie schlecht die Welt an sich und überhaupt ist.

Was hilft, ist, ein oder mehrere Ziele ins Auge zu fassen und die ersten Schritte darauf zu ganz praktisch auch zu machen. »Jede Reise beginnt mit dem ersten Schritt«, sagt ein altes chinesisches Sprichwort. Entscheidend ist, den positiven Impulsen und der seelischen Begeisterung Raum im Leben zu geben und der eigenen inneren Stimme zu folgen. Wir müssen (und können) ja gar nicht die ganze Welt und das noch mit einem Mal retten. Aber wir können (und sollten?) konkrete Dinge unternehmen, um die Welt Stückchen für Stückchen besser zu machen.

Denken Sie nur an so wunderbare Unternehmungen wie die SOS-Kinderdörfer, die Hermann Gmeiner mit Hilfe vieler, vieler anderer Menschen ins Leben gerufen hat. Auch Mutter Teresa hat ja nicht gleich mit dem Nobelpreis in der Tasche und weltweiter Unterstützung angefangen, Kranke und Sterbende von den Straßen Kalkuttas in eine liebevoll umsorgte Situation zu bergen. Michael Aufhauser, der Begründer von Gut Aiderbichl, hat ebenfalls kleine erste Schritte gemacht, um ein Beispiel zu geben, wie ein »Paradies auf Erden« für Mensch und Tier aussehen kann.

Sicher kennen Sie in Ihrer unmittelbaren Umgebung Menschen, die sich eher im Stillen tagein, tagaus dafür einsetzen, dass unsere Welt menschlicher wird und damit auch fröhlicher. Vermutlich zählen Sie selbst genau zu dieser Gruppe der »Arbeiter im Weinberg des Herrn«, zu diesen Seelen, die jeden Tag kleinere und größere Beiträge leisten, damit die Welt besser wird.

Ja, Sie dürfen sich dazu zählen und brauchen keine falsche Demut vorzuschützen. Dass von uns keiner vollkommen ist, heißt ja nicht, dass wir nicht unsere Stärken und Fähigkeiten anerkennen dürfen, um so auch die Möglichkeiten unseres bisher noch nicht genutzten Potenzials besser zu sehen und zu verwirklichen. Das ist echte Selbstermächtigung – für uns, für die Menschen, für die Schöpfung. Und daraus erwachsen dann wie von selbst Lebensfreude und Leichtigkeit. Das führt uns zum Erleben und Ausstrahlen einer natürlichen und scheinbar selbstverständlichen Fröhlichkeit. Wir wollen anderen nichts aufdrängen, aber auch uns selbst nicht in der Dankbarkeit, im Staunen, in der Freude am Leben einschränken lassen.

Zur Leichtigkeit möchte ich (Jutta) Ihnen noch etwas erzählen: Mein lieber Freund und Mitautor dieses Buches, Wulfing von Rohr, hat zurzeit auch ziemlich viel um die Ohren, und ich bewundere ihn für seine schier unerschöpfliche Energie und sein Organisationstalent. So wie ich brachte er einige turbulente Monate mit Umzug, Reisen und Veranstaltungen hinter sich. Und es wurde nicht weniger. Es ging ihm im Hinblick auf die Zeit, oder besser: Zeitnot, ähnlich wie mir. Das machte mir insofern etwas Sorge, als ich befürchtete, mit diesem Buch nicht zeitgerecht fertig zu werden. Also saßen wir vor einiger Zeit zusammen und überlegten, ob wir beim Verlag (und unserem sehr verständnisvollen und kooperativen Lektor dort) einen späteren Abgabetermin vereinbaren sollten. Einen Tag später kam dann der neue Katalog, in dem unser neues (dieses) Buch vorgestellt wurde. Wir waren so begeistert, dass wir uns mit neuer Energie daran machten und – was soll ich Ihnen sagen: Wir bekamen es zum vereinbarten Termin hin, und noch dazu ohne Druck und mit viel Spaß und Freude. So viel zum Thema Lebensfreude und Leichtigkeit aus unserer Sicht heraus. Wir freuen uns, dass wir Sie das hier miterleben lassen und Ihnen das erzählen dürfen.

Die kraftvollen Helfer

Erzengel Raguel, Meisterin Kuan Yin sowie die Feen und Elfen unterstützen uns, wenn es darum geht, leicht und in großer Freude zu leben.

Erzengel Raguel

»Freund Gottes«, das bedeutet dieser Name. Nach Henoch ist Raguel einer der sieben Erzengel. Ein Kirchenkonzil in Rom im Jahre 745 hat Raguel neben zahlreichen anderen Engeln, wie zum Beispiel auch Uriel, »degradiert«. Begründung war einerseits eine notwendige Bereinigung und Verminderung der ausufernden Engelzahl und Engelnamen, die der Anrufung würdig seien und dem Menschen helfen könnten, zu Jesus und zu Christus zu gelangen. Andererseits mutmaßte der damalige Papst Zacharias, dass Raguel eigentlich eher ein Helfer des Satans sei und sich in die lichte Engelwelt, die kirchlich anerkannt war, »eingeschlichen« habe.

Wünsche wahr machen

Auch wenn wir uns vielleicht noch nicht ganz als »Freunde« Gottes fühlen – obwohl wir das sind! –, wissen wir uns sicher als Kinder Gottes. Und Kinder dürfen den Vater und die Mutter jederzeit vertrauensvoll um etwas bitten. Wir können Erzengel Raguel um Fürsprache bitten, wenn wir uns nicht direkt an Gott wenden wollen.

ÜBUNG

Wunschritual mit Erzengel Raguel

Ich ersuche den Erzengel Raguel um Hilfe und Unterstützung bei diesem Ritual, gehe dazu in die Natur und suche mir einen schönen und ungestörten Platz (das kann natürlich auch in meinem Garten sein). Ich schließe die Augen und stelle mir vor, dass der Erzengel Raguel neben mir ist, aber auch alle Feen und Elfen, die mich mit ihrer fröhlichen und liebevollen Energie einhüllen. Ich spüre Leichtigkeit und etwas Luftiges. Ich spreche (laut oder leise): „Mithilfe des Erzengels Raguel und all seiner Helfer befreie ich mich von allen Sorgen und Belastungen. Von nun ab fühle ich mich unbeschwert, frei und fröhlich. Ich kann wieder lachen und bin glücklich!" Das mache ich dreimal hintereinander.

Ich spüre, wie alles von mir abfließt, was mich einengt und niederdrückt. Ich bedanke mich beim Erzengel Raguel, den Feen und Elfen, die bei diesem Ritual anwesend waren, und nehme alles Positive und Erfreuliche in den nächsten Tagen bewusst und liebevoll an.

Meisterin Kuan Yin – Die »Seele der Welt«

Diese asiatische Gestalt, eine aufgestiegene Meisterin, wird auch als »Göttin der gütigen Liebe«, »Bodhisattva der Barmherzigkeit«, »Erzengel der segensreichen Vergebung« sowie als »Inkarnation des Ewig-Weiblichen« angesehen, je nach Blickwinkel. Kuan Yin (auch Kwan Jin, Quan Yin, Kannon, Kanin und Quan´Am geschrieben, je nach Umschrift beziehungsweise asiatischem Land, in dem sie verehrt wird) ist die Verkörperung einfühlsamer und liebevoller Güte. Als »Bodhisattva des Mitgefühls« hört sie die Rufe, das Weinen und die Schreie aller Wesen. Manche Forscher meinen, dass sie aus einer männlichen Buddhagestalt hervorgegangen sei, aus dem Bodhisattva Avalokiteshvara. Andere sind der Ansicht, dass diese Gestalt bereits ursprünglich schon weiblich oder zumindest androgyn gewesen sei. Zwischen Kuan Yin und sowohl der tibetischen Göttin Tara als auch der katholischen Maria gibt es verblüffende Parallelen. Der bekannte englische Forscher Martin Palmer meint sogar, dass Kuan Yin erst aufgrund der christlichen Mission und dem Maria-Vorbild nachgebildet entstanden sei. Auch Parallelen zur Sophia des Alten Testaments als eigentliche Weltenschöpferin, als »weiblicher heiliger Geist«, sind unübersehbar. Und wie die griechische Göttin Artemis ist diese jungfräuliche Göttin Kuan Yin vor allem Beschützerin von Frauen. Zahllose Überlieferungen berichten von Wundern, die Kuan Yin gewirkt haben soll. Ebenso sind vielfältige Bezüge zur Großen Mutter und zum universellen Archetyp des Weiblichen zu erkennen, aus dem die Schöpfung erst entstehen kann, so wie es uralte Mythen ebenso wie die Forschungen der Tiefenpsychologie nach C. G. Jung beschreiben.

Es kann gut sein, dass Kuan Yin auf die Legende von Miao Shan zurückgeht, einer Prinzessin, die alles Gute und Reine verkörpert, aber von ihren Eltern, die schlechte Menschen sind, schikaniert wird. Miao Shan entflieht ihnen, geht ins Kloster, und am Ende dieser Überlieferung erkennen ihre Eltern ihre Tochter als das, was sie ist, und wandeln sich selbst zu besseren Menschen. So mag Kuan Yin einmal als Miao Shan inkarniert gewesen sein. An der Schiffsroute von Japan nach Taiwan liegt die Insel Putuo, auf der es den Berg Putuo-Shan gibt. Früher ein Heiligtum des Taoismus, wurde er ab dem 14. Jahrhundert zu einem heiligen Berg des Buddhismus und einem Zentrum der Verehrung von Kuan Yin.

Wünsche wahr machen mit Kuan Yin
Sie ist ein Boot, sie ist ein Licht
hoch auf dem Hügel in der dunklen Nacht.
Sie ist die Tiefe, sie ist die Welle;
wo Engel schlafen hält sie Wacht.
Wenn alles still und friedvoll wird,
bringt sie mich auf die andre Seit'.*

Feen und Elfen

Feen sind Wesen, die den Volkssagen zufolge mit höheren Kräften ausgestattet sind. Wir denken sie uns meist weiblich. Das Wort geht auf römische Schicksalsgöttinnen zurück, die *fata* hießen. Im Begriff *Fatum* scheint dieses Wort noch auf, auch im französischen Wort *fée*. Im deutschen Ausdruck, gegen etwas »gefeit« zu sein, hat sich der Begriff andeutungsweise erhalten. In der irischen Kultur heißen sie *sidhe*. Letztlich sind Feen im Volksmund Elementargeister, die das Gute darstellen und sich um die Welt der Natur kümmern. Insofern sind sie den Devas durchaus verwandt; vielleicht sind beide auch identisch. Die Feen haben ihr eigenes Reich und möchten, so zumindest irische Sagen,

* Lied von Jennifer Berezan, zitiert mit freundlicher Genehmigung aus Wulfing von Rohr, *Kuan Yin*, Schirner Verlag, S. 7

nur allzu gern Menschen in ihrer Mitte haben – die jedoch, wenn sie in die menschliche Gesellschaft zurückkehren, feststellen, dass sehr viel mehr Zeit vergangen ist, als sie im Feenreich zugebracht zu haben scheinen.

Sehr nahe verwandt mit ihnen – oder auch identisch? – sind Elfen. In alter Zeit las man auch die Begriffe Alben und Elben für Elfen. Wir meinen, dass es sehr von der persönlichen Erfahrung abhängt, wie man Feen und Elfen erlebt und ob man sie als unterschiedlich erfährt oder nicht. Man liest auch, dass Elfen Lichtgestalten und zugleich Naturgeister sind, die ursprünglich wohl aus der nordischen Mythologie stammen.

Feen und Elfen und das Element Luft

Wer sich mit Astrologie ein wenig auskennt, weiß natürlich, dass ich (Jutta) als doppelter Zwilling – mit Zwilling als Sonnenzeichen und Zwilling als Aszendent – und mit dem Mond im Wassermann eine Menge Luftanteile habe und diese auch gern leben möchte. Mein Umfeld mit allen Anforderungen sorgt laufend dafür, dass ich nicht abhebe, sondern im Alltag schön auf dem Boden bleibe. Das nur als Hintergrund dafür, dass ich natürlich einen besonderen Bezug zu Feen und Elfen habe. Sie verkörpern ja förmlich Lebensfreude und Luft, Schweben und Fliegen – und wer, insbesondere welcher Zwilling möchte das nicht gern? Wir brauchen nur an die überaus hübsche und zarte Tinkerbell aus der Geschichte von *Peter Pan* zu denken.

Aber auch Feen und Elfen haben ihre Aufgaben in der Natur. Sie wirken als gute Geister von Pflanzen, Tieren und Mineralien. Im Auftrag und unter dem Schutz der Engel behüten und pflegen sie beispielsweise ein Waldstück, ein Vogelnest, einen Teich oder eine einzelne Blume im Garten, sind sozusagen die »kleinen Schutzengel« dieser Lebensformen.

Mein Elfeneck

Ich habe in meinem Garten ein Elfeneck eingerichtet. Im Laufe der Umbau- und Planierungsarbeiten tauchten einige alte Stücke auf, die in der Erde unter dem Kirschbaum freigelegt wurden. Ein alter Teller (unbeschädigt und sehr gut erhalten), einige Begrenzungssteine und ein wunderbarer großer Edelserpentin. Sie müssen sich vorstellen, dass mein Haus so um 1895 erbaut wurde, da kann sich schon allerhand ansammeln, was entsprechend alt ist. Mit den Fundstücken kreierte ich mein Eckchen für unsere luftigen Naturgeister. Natürlich fand ich dazu auch die passenden Elfen und Feen (drei an der Zahl), die einen besonderen Platz mit Moos ausgepolstert bekamen. Dieser Platz dient als Symbol, damit heiße ich alle bei mir im Garten lebenden Feen und Elfen willkommen und bedanke mich bei ihnen für ihre liebevolle Unterstützung und den Schutz für meine Pflanzen und Tiere. Außerdem sind sie gern in Gesellschaft, also kann man davon ausgehen, dass noch einige dazukommen und bei mir einziehen werden.

Übungen zu Lebensfreude und Leichtigkeit

Die Theorie klingt natürlich immer sehr einfach. Aber die Tipps von unseren Engeln in die Praxis umzusetzen, erweist sich meist als ungleich schwieriger. Wie soll man mit Lebensfreude und Leichtigkeit durch den mit Ängsten und Hürden gespickten Alltag wandern? Hier geben wir Ihnen ein paar ganz einfache Übungen, mit denen Sie sich doch etwas von belastenden und negativen Energien befreien können. Voraussetzung ist, dass Sie diese Übungen auch konsequent machen, mit einem Mal wird es nicht getan sein. Man muss dranbleiben und sich über einen längeren Zeitraum bemühen. Schließlich sitzen unsere Ängste und Zweifel, Blockaden und Einschränkungen doch ziemlich tief, sie haben sich meist von Kindheit an in uns eingenistet. Freiwillig und gern lösen sie sich nicht, da müssen wir schon etwas daran arbeiten.

ÜBUNG

Der Angst ins Auge schauen

Ein belastendes Thema holt mich ein und die Angst hüllt mich bald ein. Das Thema kann ein existenzielles sein, mit meiner Gesundheit zu tun haben, mit Verlust und Trennung – Urangst kommt auf. Ich stelle mir dann Folgendes vor. Was ist das Ärgste, das mir in dieser Situation passieren kann? Angst kommt von Enge. Sie nimmt uns die Luft und engt uns auf die verschiedensten Arten ein. Unsere Ängste sitzen ja bekanntlich im Kopf und haben dort ein unglaubliches Machtpotenzial. Wenn ich mir nun anschaue, was mir im ärgsten Fall passieren kann, und mir das bildlich vorstelle, dann schaue ich der Angst ins Gesicht. Ab diesem Moment wird sie kleiner, es bleibt ihr gar nichts anderes übrig. Ich stelle mich über dieses aufgeblähte »Ego-Gebilde«, aktiviere meine inneren seelischen und geistigen Ressourcen und gehe in meine Kraft. Vielleicht spüre ich das beim ersten Mal nicht in diesem Ausmaß, wenn ich diese Übung jedoch täglich und über einen längeren Zeitraum hin mache, wird sich nach und nach etwas tun. Es wird sich bei dem Thema etwas ergeben oder entwickeln, ein erster Lösungsschritt wird möglich sein.

ÜBUNG

Atem-Übung

Das ist sicherlich nichts Neues für Sie. Wenn sich Ängste vor allem in beruflichen oder privaten Stresssituationen breitmachen und sogar zur Panik zu werden drohen, dann setze ich mich hin und komme erst mal ein wenig zur Ruhe, indem ich mehrmals hintereinander tief durch die Nase ein- und stoßweise durch den Mund ausatme. Das hilft erstaunlich gut! Ich mache meinen Kopf leer, was der Angst die Kraft nimmt. Ich nehme ihr definitiv die Luft. Außerdem lenkt das intensive Atmen ab. Ich kann nun auf der unbewussten Ebene die Einengung loslassen, es wird Raum in mir, Weite. Ich kann wieder klarer denken und habe nicht mehr das Gefühl, ersticken zu müssen. Diese Übung hilft übrigens auch sehr gut, wenn Sie etwas sehr wütend oder ungeduldig macht. Probieren Sie sie aus!

ÜBUNG

Affirmationen

Sie kennen sicher diese positiven Sätze, die nach mehrmaligem leisem oder lautem Aussprechen in unser Unterbewusstsein gehen und es langfristig in die gewünschte Richtung umpolen. Auch das ist eine Übungsform, die zum Erfolg führt. In gewissen Situationen, vor schwierigen Herausforderungen oder Begegnungen, die uns ängstigen, wird jeder die für sich passende Affirmation finden, wie zum Beispiel: »Ich bin innerlich total entspannt, fühle mich frei und wohl und schaffe alles mit Leichtigkeit und Freude!« Sie können natürlich auch eine Engel-Affirmation verwenden, wie zum Beispiel: »Mein Schutzengel ist immer neben mir. Mit seiner Hilfe schaffe ich alles mit Leichtigkeit.« Oder: »Mit der Hilfe aller Engel und Jesus gehe ich mit Freude durch den Tag.« Sie werden den für Sie passenden Satz in jeder Situation vermittelt bekommen. Ihre Engel sorgen dafür.

ÜBUNG

Tanzen

Auch wenn Ihnen diese Übung vielleicht etwas lächerlich erscheint, so raten wir Ihnen doch, sie auszuprobieren: Tanzen Sie Ihre Ängste weg! Aus eigener Erfahrung wissen wir, dass in Momenten der Enge Bewegung hilft. Wenn dazu eine Musik gewählt wird, die unser Herz, unsere Seele erreicht, dann können Sie davon ausgehen, dass sich definitiv etwas bewegen wird. Und zwar in eine positive Richtung. Natürlich können Sie auch in den Wald gehen und laut schreien, das ist aber nicht jedermanns Sache. Tanzen ist auch nicht Ihres? Falls Sie sich blöd vorkommen: Sie machen es ja nicht vor Publikum, sondern ganz für sich in Ihren vier Wänden. Da sieht Sie niemand, also brauchen Sie sich nicht zu genieren. Bewegen Sie sich einfach nach Ihrem Gefühl, lassen Sie alles heraus! Nach einigen Minuten schon werden Sie sich leichter fühlen, eine innere Freude steigt auf und kann nach und nach ins Außen gebracht werden.

Nehmen wir uns ein Beispiel an unseren südlichen Nachbarn, den Italienern und Spaniern zum Beispiel. Diese Menschen leben unbeschwerter, weil sie mehr Pausen machen als wir, genussvoller und langsamer essen, mehr Feste feiern und – tanzen! Lassen Sie sich von Ihren Sorgen und Belastungen nicht niederdrücken und fesseln. Tanzen, singen und lachen Sie! Der Erzengel Raguel und alle anderen Engel freuen sich und tanzen, singen und lachen mit Ihnen!

11.

Die Antworten der Engel

Wie spirituelle und irdische Aspekte vereint werden
Erzengel Sandolphon

Engelfrage

Frage: Bekomme ich auf jede Frage eine Antwort von dir?
Antwort: Im Prinzip bekommst du auf jede Frage eine Antwort, wenn du sie aus einer positiven Motivation heraus stellst. Die Antwort kommt jedoch meistens nicht auf die Art und Weise oder gerade zu dem Zeitpunkt, wie beziehungsweise wann du sie erwartest.

Manipulative Fragen, mit denen man einen anderen Menschen kontrollieren oder abhängig machen will, oder andere ethisch unsaubere Zugänge werden keine oder eine unbefriedigende Antwort bewirken. Auch Fragen, die ein Thema betreffen, das noch nicht aktuell ist, können nicht beantwortet werden. Genau wie jene, die du in einem emotional aufgewühlten Zustand stellst (die also mit Ängsten oder starken Erwartungen behaftet sind). Es gibt Grenzen ethischer und persönlicher Natur, die nicht überschritten werden können und dürfen. Und immer wieder wird es Themen und Bereiche geben, die dich (momentan noch) nicht betreffen und demzufolge auch (noch) nicht abgefragt werden können.

Frage: Wer gibt mir die Antwort auf meine Fragen?
Antwort: Deine Fragen beantwortet in erster Linie dein persönlicher Schutzengel, aber auch einige andere Helfer, die an deiner Seite sind, wie zum Beispiel vorangegangene Seelen aus dem geistigen Bereich, die dir helfen wollen und dürfen. Das können Ahnen, Mitglieder deiner Seelenfamilie, aber auch der dafür zuständige Geistführer, den du gerade an deiner Seite hast, und viele mehr sein.

Es ist nicht wichtig, dass du weißt, wer es im Moment ist, der deine Frage beantwortet, vielmehr solltest du auf die Energie und die Schwingung der Antwort achten und darauf, was du dabei spürst. Außerdem kann es nicht schaden, wenn du dich in gewisser Weise auch vor »der anderen Seite« schützt, denn wie wir wissen: Wo Licht ist, ist auch Schatten, und auch dieser hat seine Berechtigung. Wir gehen davon aus, dass du nichts mit der dunklen Seite, sondern mit unserer liebevollen Energie zu tun haben und arbeiten willst.

Du kannst aber natürlich auch jederzeit einen bestimmten Erzengel von uns kontaktieren und diesem die Frage stellen, die dir auf dem Herzen liegt. Wir alle sind für dich da und gern bereit, soweit wir es können und dürfen, dir alle Informationen zu geben, die du brauchst. Aber alles zu seiner Zeit, und ein paar Bereiche müssen zuerst von dir selbst vorbereitet werden, bevor du wirklich Antworten erhalten kannst.

Himmel und Erde verbinden

Wie lassen sich Himmel und Erde verbinden? Denn darum geht es ja schließlich, wenn wir Menschen unsere doch oft ganz irdischen Wünsche verwirklichen möchten und dabei um die Hilfe der Engel bitten. Vielleicht schaffen wir es, indem wir uns weder zu klein noch zu groß machen. Wenn wir erkennen, dass wir bewusste spirituelle Wesen sind, die jetzt eine menschliche Erfahrung machen, und nicht erdgebundene Körper, in denen ab und zu mal ein spirituelles Lichtlein aufblitzen mag.

Wir werden jedoch nicht dadurch zu bewussten spirituellen Wesen, indem wir die irdische Dimension ablehnen oder niedermachen. Es macht wenig Sinn zu versuchen, den Körper »zu verlassen« oder »aus dem Körper zu gehen«, um in geistige Ebenen einzutauchen. Der Weg im neuen Bewusstsein besteht vielmehr darin, dass wir die Existenz in und mit dem Körper als eine einzigartige Gnade würdigen, als eine ungeheure Chance, die Ganzheit des schöpferischen Plans zu manifestieren. In dieser Hinsicht sind wir den Engeln »überlegen« oder sind ihnen »voraus«.

Denn anders als aufgestiegene Meister und Meisterinnen, die zumindest ein Erdenleben selbst durchlaufen haben, haben Engel keinen Bezug zu den besonderen Herausforderungen der Körper-Geist-Existenz von Menschen, die scheinbar von Empfängnis und Geburt bis zum physischen Tod reicht und auf diese Weise in Raum und Zeit sehr, sehr begrenzt ist. Und damit sind wir den Engeln als Boten des Himmels immer dankbar für Hilfe, Ermunterung, Erinnerung und sanfte Hinweise – aber dennoch müssen wir einen Gutteil eigenständig leisten.

Wir sind Träger des göttlichen Lichts und wir sind auch selbst Licht. Als solches sind wir »groß«. Aber zugleich sind wir auch immer Teil einer Ganzheit, die größer ist, als wir es als Individuum sind. Insofern sind wir »klein«. Nun kommt es offenbar darauf an, dass jeder und jede Einzelne von uns seine und ihre individuelle Balance findet, persönliche und überpersönliche Aspekte im Leben zu verbinden.

Der kraftvolle Helfer: Erzengel Sandolphon

»Mit-Bruder«, der Name stammt aus dem Griechischen und würde übersetzt genauer Ko-Bruder bedeuten. Ursprünglich war er der Prophet Elias, der bei seinem Hinscheiden von dieser Erde nicht starb und begraben, sondern lebendig »entrückt« wurde und in den Himmel aufstieg. Sandolphon, oft auch als Sandalphon zu finden, gilt als Zwillingsbruder des Metatron (siehe auch dort, Seite 200f.). Es heißt, dass er einer der sehr hohen Engel sei, im Sinne der Höhe seines Lichtkörpers. Er sammelt die Gebete der Gläubigen und bringt sie an Gottes Thron dar. Sandolphon wird übrigens auch im Islam als Engel anerkannt.

Manche Engelkundige sehen in diesem Erzengel eine große Hilfe, dem inneren Kind zu begegnen und so eine neue Harmonie zwischen Himmel und Erde, geistiger Seele und irdischem Leben zu finden. Andere spüren gerade in Sandolphon eine wesentliche Energie zur Wunscherfüllung – ohne jedoch dabei den Seelenplan zu durchkreuzen. Tiefe Gefühle, die in uns schlummern, können eingeladen werden jetzt aufzutauchen, um zu heilen. Er fördert Vergebung und Versöhnung und strahlt eine Liebe aus, die über Sexus und Eros hinausgeht.

Wünsche wahr machen
Mit der Energie des Erzengels Sandolphon gelingt es, die wirklich wichtigen Wünsche bewusst an den Himmel und das eigene höhere Selbst zu richten und sich eigenverantwortlich selbst zu ihrer Erfüllung einzubringen.

Hinweise zur Praxis der Engelarbeit

Wie schon in vorigen Kapiteln mehr oder weniger detailliert ausgeführt, gibt es vielerlei unterschiedliche Antworten der Engel auf unsere Fragen. Zeichen, Hinweise, Warnungen und spielerisches Zeigen von Botschaften und Tipps sind nur einige wenige Beispiele, wie sie uns helfen und uns leiten, wobei dem Humor und Einfallsreichtum unserer himmlischen Verbündeten keine Grenzen gesetzt sind. Oft erhalten wir die Antworten auf unsere Anliegen und Fragen auf ganz unerwartete Art und Weise oder zu einem Zeitpunkt, an dem wir ganz und gar nicht damit rechnen. Aber unsere Engel stecken eben voller Überraschungen und haben mehr Über- und Durchblick als wir.

Wir können ein Buch oder eine Zeitung aufschlagen, wenn wir eine Frage an die Engel haben. Dabei schließen wir die Augen und zeigen mit dem Finger auf ein Wort. Es wird die Antwort der Engel sein. Sollten wir es im Moment nicht verstehen, wird es uns zu einem späteren Zeitpunkt klar werden. Daher sollten wir uns das Wort oder den Satz merken oder aufschreiben.

Und kennen Sie die Ja/Nein-Zettel? Sie sind Ihnen nicht bekannt? Das ist eine sehr einfache und leicht verständliche Art, von den Engeln klare und schnelle Antworten zu bekommen.

ÜBUNG

Ja/Nein-Zettel

Ich schreibe auf einen leeren A4-Zettel ein großes Ja, auf einen zweiten ein großes Nein. Dann lege ich die Zettel auf den Fußboden und stelle meine Frage an die Engel. Ich stelle mich auf den Zettel mit dem Ja, schließe die Augen und fühle, ob das gut passt. Dann stelle ich mich auf den Zettel mit dem Nein und schaue, wie es mir dort geht. Es wird mir sofort klar, auf welchem Zettel es mir besser geht, welche Antwort sich also besser anfühlt. Und das ist natürlich die für die gestellte Frage passende.

Die Antworten unserer Engel sind immer liebevoll und verständlich, ganz klar und ohne negative Begleiterscheinungen. Es gibt dabei keine Gefühle der Angst oder den »erhobenen Zeigefinger« im Sinne von: Wenn du das machst beziehungsweise nicht machst, dann passiert dieses und jenes als Strafe. So arbeiten unsere Helfer aus dem geistigen Bereich ganz und gar nicht.

In Beratungen (wenn Sie also bei jemandem Hilfe suchen und die Fragen an die Engel bei einem Lichtarbeiter stellen) darf auf keinen Fall ein Muss in den Engelbotschaften fallen. Sie behalten stets die persönliche und eigene Entscheidungs- und Wahlfreiheit, denn die Engel geben ihre Antwort immer als mögliche Hilfe, aber ohne Bedingungen. »Du darfst«, »du kannst«, maximal »du solltest« sind die liebevollen Formulierungen unserer himmlischen Ratgeber.

Wenn man den Schutzengel um Rat fragt oder eine bestimmte Frage stellt, fühlt sich die Antwort immer liebevoll und sanft an. Ungeduld und Ärger über Fragen, die sich oft über einen längeren Zeitraum mehrmals auf das gleiche Thema beziehen oder andere Einschränkungen und Blockaden, die wir nur mühsam und langsam auflösen, stören ihn ganz und gar nicht. Er wird sicherlich in keiner Weise ungehalten reagieren.

Nicht alle Wesen arbeiten so. Daher, wie oben schon aus der Antwort des Erzengels Sandolphon zu ersehen, sollten wir uns gut schützen, wenn wir mit dem geistigen Bereich arbeiten oder in Kontakt treten. Die ideale Methode dafür wird ein jeder für sich selbst finden. Man kann sich in Jesus-Energie hüllen, ein Schutzgebet sprechen oder auch den persönlichen Schutzengel aktivieren und um verstärkten Schutz bitten.

Die Antworten der Engel sind für uns nicht immer angenehm, zeigen sie uns doch, wo wir wirklich stehen und wie der nächste Schritt aussehen könnte. Manchmal reißen sie uns auch eine Maske vom Gesicht oder lassen uns hinter ausharmonisierten und zugedeckten Themen die wahren Hintergründe und ein Lernprogramm sehen. Oft dient eine Antwort als Impuls und sanfter Anstoß, um uns bewusst zu machen, dass wir endlich weiter gehen und aktiv werden sollten. Das freut uns natürlich nicht unbedingt, hatten wir uns doch eine andere Antwort gewünscht oder erwartet. Wir werden im Laufe der Zeit erkennen, dass die besten Antworten sowieso dann kommen, wenn wir persönliche Erwartungen und Wünsche ausklammern können.

Persönliche Ängste und Sehnsüchte blockieren meist die Antwortfindung, da unser Kopf im Spiel ist und eine echte Engelantwort nicht zulässt oder zumindest energetisch verfälscht.

Wenn Sie sich für eine Beratung entscheiden, dann sollte auch das Geben und Nehmen dort für Sie gut passen. Für Sie muss auch der Preis stimmen. Diesbezüglich können wir keine fixen Angaben machen, denn ein individueller Zugang muss möglich sein. Es sollte berücksichtigt werden, ob der Beratende von seiner Engelarbeit leben muss oder es nebenberuflich macht, wie lange die Beratung dauert, wie die finanzielle Situation des Ratsuchenden ist und noch einiges mehr. Beide Seiten sollten das Gefühl haben, dass es wirklich passt und jeder für sich etwas bekommen und mitnehmen kann.

Eines darf man nicht vergessen: Wenn man mit Engelenergie arbeitet und Menschen beraten und unterstützen darf, nimmt man ja auch immer eine Menge dieser liebevollen Energie mit und hat demzufolge, noch ohne einen Cent eingenommen zu haben, bereits enorm von der Beratung profitiert. Natürlich sollte der Ratsuchende mit einem guten Gefühl nach Hause gehen. Oftmals wusste er alles schon (unterbewusst), was er bei diesem Termin gehört hatte, jedoch brauchte er die objektive und neutrale Bestätigung von außen und natürlich die liebevolle Energie aller helfenden Engel.

Nun hat er eine Menge Informationen bekommen und viele Fragen wurden beantwortet, jedoch sollte er sich in der Folge nicht auf von den Engeln gemachte Aussagen bezüglich möglicher Zeitpunkte fixieren. Jeder Mensch hat sein Tempo, außerdem entscheidet er im Leben dann aus dem Moment heraus, und oft ist noch ein zweiter Mensch involviert (zum Beispiel bei Partnerschaftsthemen), der schneller oder langsamer als vielleicht vorgesehen unterwegs ist.

Bei einer Beratung kommt immer die Information zur Momentaufnahme, also ein Überblick über den Ist-Zustand. Alles Weitere kann sich immer wieder schnell verändern. Ich persönlich freue mich jedes Mal über positive Rückmeldungen und Bestätigungen, jedoch ist es immer wieder der Fall, dass der eine oder andere sich für einen anderen Weg entscheidet, seinen nächsten Programmpunkt ändert oder überhaupt eine Lernaufgabe überspringt und zunächst einmal etwas ganz anderes macht. Das darf und soll er oder sie natürlich auch. Wir folgen nicht wie Marionetten einem fixen und vorgefassten Plan, wir dürfen gern jeden Tag etwas ändern, uns anders entscheiden.

Unstimmige Themen aus der Praxisarbeit mit den Engeln

Es kann und darf natürlich nicht sein, dass eine Frau bei einem Termin von den Engeln eine Antwort darüber erhält, was mit ihrem Exmann los ist, ob er eine neue Beziehung hat, wie es ihm geht. Hier werden die Grenzen überschritten, und sie wird keine Antwort bekommen. Ich stelle solche Fragen erst gar nicht an die Engel, denn hier wird manipuliert beziehungsweise kontrolliert, in einen Bereich eingegriffen, der sie und mich nichts (mehr) angeht. Das wird leider oftmals nicht verstanden und nur widerwillig oder gar ungehalten zur Kenntnis genommen.

Auch Todeszeitpunkte sind nicht abfragbar. Die Seele allein entscheidet, wann und wie sie in den geistigen Bereich geht, wir werden keine Antwort von unseren Engeln bekommen, weil sie es schlichtweg selbst nicht wissen können. Gibt es doch für jeden Menschen immer mehrere Zeitpunkte, um seinen Körper und diese Daseinsform hier auf der Erde zu verlassen.

Dann gibt es Menschen, die am liebsten jede Woche zu mir kommen würden, um alles und jedes abzufragen. Das ergibt natürlich auf längere Sicht absolut keinen Sinn, die Engel ständig das Gleiche beziehungsweise jedes Detail zu fragen. Wenn man einen persönlichen Überblick mit Engelbotschaften macht, dann reicht das im Normalfall für das nächste halbe Jahr. Ausnahmen sind dann gegeben, wenn sich etwas extrem ändert oder eine komplett andere Lebenssituation eintritt, erneutes Fragen also wieder sinnvoll und durchaus begründet ist. Aber sich täglich jede Banalität bestätigen zu lassen, führt zu Abhängigkeit und wird von jedem seriösen Lichtarbeiter unterbunden werden.

Und schließlich gibt es Menschen, die mich austesten und meine Fähigkeiten prüfen. Ein Mann beispielsweise kam zu mir und stellte eine Menge Fragen, die von den Engeln ausführlich und sehr klar beantwortet wurden. Ich fühlte mich während dieses Termins überhaupt nicht wohl und die Engelarbeit fiel mir ausgesprochen schwer. Ich brauchte extrem viel Kraft, was mir das erste Mal so passierte. Ich konnte mir das nicht erklären, machte aber aus einem inneren Impuls heraus weiter. Nach fast zwei Stunden Beratung lehnte sich besagter Herr entspannt zurück und sagte: »Es ist wirklich erstaunlich, ich war gestern bei einer Dame, die auch mit Engeln arbeitet, habe ihr die gleichen Fragen gestellt und haargenau die gleichen Antworten erhalten.« Im Moment verschlug es mir die Sprache, ich fühlte mich vor den Kopf gestoßen und wusste nun, wieso es mir die ganze Zeit über nicht gutging. Später war ich ein wenig traurig über so viel Misstrauen und die erzwungene Bestätigung.

Wenn ich mich selbst in einer schwierigen emotionalen Phase befinde, kann ich für mich dieses Thema nicht oder nur sehr eingeschränkt bei Max (meinem persönlichen Schutzengel) erfragen. Stecke ich doch mit Ängsten, Zweifeln oder Hoffnungen bis über beide Ohren darin. Angst- und Wunschvorstellungen würden in die Engelantwort hineininterpretiert, sollte sie überhaupt von mir empfangen werden können. Eine klare Engelbotschaft werde ich weder hören noch spüren können. Ich weiß, dass es nicht funktioniert, und probiere es erst gar nicht.

Dafür gibt es ein paar liebe Menschen, gute Freunde, die mir diesbezüglich helfen können. Bei einem von ihnen melde ich mich dann, wenn ich wirklich eine Auskunft oder eine Antwort der Engel brauche. Ich bin eben auch nur ein Mensch und muss meine Grenzen akzeptieren.

Das nächste Ritual erscheint Ihnen vielleicht als »abgehoben« oder zu schwierig. Doch probieren Sie es einfach aus, es ist eine Übung, um mit unseren Engeln sprechen, ihre Botschaften empfangen zu können. Auch wenn es vielleicht das erste Mal nicht klappt, geben Sie nicht auf. Probieren Sie es nach einigen Tagen wieder. Aktive Engelarbeit bedeutet auch regelmäßiges Üben und eine Menge Fleiß. Wenn Sie es dann noch schaffen, das Ganze mit einer kindlichen Neugierde, spielerischer Leichtigkeit und mit dem notwendigen Urvertrauen zu tun, kann gar nichts schiefgehen und die ersten Erfolge werden sich schnell einstellen. Ersuchen Sie Ihren persönlichen Schutzengel, Sie bei den ersten Schritten an der Hand zu nehmen und Sie noch mehr zu unterstützen. Das macht er sehr gern, denn er liebt Sie von Herzen.

ÜBUNG

Wunschritual mit Erzengel Sandolphon

Als Vorbereitung für dieses Ritual lege ich Zettel und Stift bereit. Ich ersuche den Erzengel Sandolphon und alle passenden Engel um Unterstützung und Hilfe bei diesem Ritual. Ich setze mich bequem hin, zünde ein Teelicht an und schließe die Augen.

Wenn ich so weit bin, öffne ich die Augen, nehme Zettel und Stift und ersuche den Erzengel Sandolphon, mir ein persönliches Gebet zu diktieren. Ich lasse mir Zeit, denn es wird dauern, bis ich die Botschaft von meinem himmlischen Helfer empfangen und aufschreiben kann. Nach und nach kommen die Worte, Sätze und ergeben einen Sinn. Ich schreibe sie auf, es können wenige Zeilen sein, das Gebet kann aber auch relativ lang werden. Vielleicht bekomme ich von Sandolphon nur einen Satz, der mir gerade sehr hilft, oder es entsteht wirklich mein persönliches Gebet, das für die nächsten Wochen wichtig für mich ist.

Wenn ich das Gefühl habe, dass die Botschaft des Erzengels zu Ende ist, bedanke ich mich bei ihm und lege den Zettel an einen besonderen Platz. Ich lösche das Teelicht und nehme die Worte des Erzengels Sandolphon täglich mehrmals mit in meinen Alltag.

12.

Das Engellicht in dir

Du bist bereits im Prozess des Erwachens
Meister Jesus – Erzengel Metatron – Einhörner

Engelfrage

Frage: Wie sehe beziehungsweise spüre ich dein oder euer Licht in mir?
Antwort: Dieses Licht ist immer schon in dir und du nimmst es in dem Moment wahr, in dem du dich oder andere mit Liebe betrachten kannst. Du aktivierst es jedes Mal, wenn du dich dafür entscheidest, in Liebe zu fühlen, zu denken, zu sprechen oder zu handeln. Die Liebe ist die Voraussetzung für das Licht in dir.

Wenn es Menschen gibt, die du bewunderst, dann vermeide es, sie auf ein Podest zu stellen. Es ist niemand »weiter« oder »höher« als du, niemand ist »besser unterwegs« als du selbst. Zweifle nicht an dir und stell dein Licht nicht unter den Scheffel. Auch wenn du dich mit Heiligen oder

Erleuchteten befasst, orientiere dich nicht an anderen. Du hast deinen ganz eigenen, deinen persönlichen Weg, den sich deine Seele auch genau so vorgenommen hat.

Danke deinen Ahnen und deiner Seelenfamilie für alles, was sie für dich vorbereitet haben, und für die Art, wie sie dir deinen Weg teilweise bereits geebnet haben. Sie haben es möglich gemacht, dass du hier auf der Erde unterwegs sein und deine Erfahrungen machen darfst.

Anschließend bedanke dich bei dir selbst, bei deiner wunderbaren, hellen, liebevollen Seele, die dich hierhergebracht hat, um weiterzukommen, sich/dich weiterzuentwickeln. Nutze jeden Tag, um etwas heller zu werden, um mehr in die Liebe zu gehen und diese aktiv zu leben.

Lebe im Jetzt und Hier. Bemühe dich, immer bewusster zu werden. Das ist der Einstieg und immer wieder eine gute Möglichkeit für einen starken Neubeginn. Lass uns dir helfen, integriere uns in dein Leben, nimm unsere Hilfen dankbar an! Lass es zu, unsere Liebe zu spüren und in deinen Alltag mitzunehmen. Du bist eine wunderbare und helle Seele. Geh weiter auf dem Weg des Lichts!

Erwachen

Was ist Erwachen? Ist es dasselbe wie Erleuchtung, wie Heiligkeit, wie kosmisches Bewusstsein, mystische Vereinigung? Vermutlich wird jeder Mensch, der sich damit eingehender beschäftigt, zu unterschiedlichen Antworten oder zumindest Nuancen kommen. Auch die Religionen und verschiedene spirituelle Traditionen geben keine klare und einheitliche Antwort.

Wir möchten Ihnen einige Überlegungen und Angebote als Denkanstöße mit auf den Weg geben. Bitte überlegen Sie beim Lesen aktiv mit, wie Sie diese Dinge sehen und spüren. Vermutlich sind Sie am Ende dieses kurzen Abschnitts verblüfft, wie deutlich die Zeichen dafür sind, dass Sie sich bereits mittendrin im Prozess des Erwachens befinden.

Heiligkeit: Natürlich ist längst bekannt und es sei nur zur Erinnerung gesagt, dass keineswegs alle Menschen »heilig« sind, die von einer Kirche dazu ernannt wurden. Heiligkeit hat mit »heil sein«, mit Ganzheit zu tun. Nicht unbedingt mit Gesundheit, wie das Beispiel von Franziskus von Assisi zeigt. Eine Heilige, ein Heiliger, das sind Menschen, die eine Verbindung zur unsichtbaren Kraft spüren, aus der alles Leben entsteht, und die in und mit dieser Kraft im Alltag leben. Sie sind ausgerichtet auf Mitgefühl und Liebe, Achtung und Verbundenheit. Aber vollkommen sind auch sie nicht.

Erleuchtung: Man spricht gern von sogenannten Meistern (seltsamerweise weniger oft von Meisterinnen), die tatsächlich oder auch nur angeblich »erleuchtet« sind. Damit will man unausgesprochen mit ausdrücken, dass sie über manches besser oder gar über alles völlig Bescheid wüssten, dass sie Vergangenheit, Gegenwart und Zukunft kennen würden und so fort. Nehmen wir Erleuchtung im besten Sinne, dann könnte dieses Wort bedeuten, dass ein Mensch eigene mystische Erfahrungen macht, die ihn unzweifelhaft erleben lassen, dass es eine Quelle von Licht und Liebe gibt, aus der die Schöpfung hervorgegangen ist und ständig weiter hervorgeht, in jedem Augenblick, und dass er als ein »Sonnenstrahl« aus dieser Quelle einige Facetten der Schöpfung bewusst erleben darf. Daraus erwachsen dann eine innige Verbundenheit mit allen Wesen und eine Gelassenheit gegenüber dem, was man gern Schicksal nennt.

Mystik: Ein griechischer Begriff, der »nach innen schauen« bedeutet.

Meister: Nach unserer Auffassung sind Meister und Meisterinnen Menschen, die sich selbst recht gut kennen, die eine Verbindung zu ihrem Selbst haben, die bereit und fähig sind, anderen Menschen auf deren geistigem Weg zu helfen und dabei die Achtung vor dem freien Willen jedes Wesens nie vergessen. Möglicherweise sollte man den Begriff Meister ganz außer Acht lassen und lieber von Lehrern sprechen. Wahre »Meister« nennen sich ohnehin nicht selbst Meister. Wer sich so bezeichnet oder sich so von anderen nennen lässt, dessen Meisterschaft dürfte recht relativ sein.

»Unio Mystica«, die mystische Vereinigung: Die Verschmelzung von Mensch und Quelle, von Geist und Gott. Das Erleben der Einheit und des Eins-Seins der gesamten Schöpfung, aller Wesen, aller Kräfte, der »Liebes-Intelligenz«, die diese Schöpfung hervorgebracht hat.

Vollkommenheit: Gibt es nicht. Seien Sie bitte nicht böse über diese lapidare Aussage. Wo immer wir hinschauen – in die Geschichte, in die Religionen und Kulturen, in Politik und Gesellschaft, in die Kunst: Alles Greifbare und Sichtbare, alles, was irdisch manifestiert ist, vollzieht sich unter den Bedingungen von Raum und Zeit, von Bestimmung und Begrenzung. Damit kann es nie »vollkommen« sein. Wenn wir nun darauf bestehen, es müsse doch irgendwo Vollkommenheit auf der Erde geben, weil wir sonst doch gar nicht den Begriff hätten prägen können, weil wir sonst doch noch nicht einmal die Sehnsucht danach spüren könnten, so bieten wir Ihnen eine »Ausnahme« an: die Schöpfung an sich, das Leben an sich, die Natur an sich, der Mensch an sich. Das heißt eben nicht, dass alles gut und schön und ewig wunderbar ist, dass alles in der Natur ebenmäßig sei oder alle Menschen immer gut drauf wären. Aber die Tatsache, dass es Leben überhaupt gibt, dass es ein menschliches Bewusstsein gibt, Seelen, Spirit, Schönheit, Sehnsucht, Liebe, Wunder ... na, das kann man schon als vollkommen bezeichnen, wenn man damit nicht die Erwartung verknüpft, es müsste ewig sein. Wie es Willigis Jäger, der Benediktiner und Zen-Lehrer, so schön sagt: »In jedem Jetzt ist Ewigkeit!«

Aufwachen: Wir merken, dass es »mehr« gibt. Wir werden unruhig, suchen nach etwas, ohne anfangs zu wissen, wonach. Wir begeben uns auf eine äußer oder inner Pilgerfahrt, auf die Suche nach dem Sinn, nach dem Zweck des Lebens, nach den Aufgaben und Gaben, die wir in uns tragen, und nach Wegen, wie wir sie verwirklichen können. Wir beschäftigen uns mit den drängenden Fragen von Sterben und Tod und dem, was danach kommt. Wir suchen nach etwas, was wirklich immer besteht. Wir versuchen, die Einsicht griechischer Philosophen von *panta rhei,* »alles fließt«

mit unserem Verlangen nach ewigem Leben, höchster Schönheit, umfassender Liebe in Übereinstimmung zu bringen. Wer dies liest und damit etwas anfangen kann, ist zweifellos längst im Erwachen begriffen und auf dem Weg.

Erwacht-Sein: Man könnte, wenn man auf Abstufungen Wert legt, solche Menschen, die ganz »aufgewacht« sind, als »Erwachte« bezeichnen. Andererseits schleichen sich in solche Unterscheidungen leicht auch Urteile ein, die fragwürdig sind. Uns scheint, dass Menschen, die wirklich erwacht sind, das Leben als Geschenk achten und Wachheit, Gelassenheit und Menschlichkeit auf liebevolle Weise in sich vereinen und verbinden. Sie werden nicht in den Irrtum fallen, sich für etwas Besonderes zu halten oder gar für erwählt, irgendwen oder irgendwas zu »retten«. Dort, wo sie sind, wirken sie achtsam und im Bewusstsein ihrer irdischen Begrenztheit, jedoch in der Kraft ihrer Verbindung zur unerschöpflichen schöpferischen Quelle.*

Der aufgestiegene Meister Adamus Saint-Germain, wie er von Geoffrey und Linda Hoppe übermittelt wird, ist in seiner Botschaft zu diesem Thema sehr klar: Es geht nicht darum, dass Seele, Geist oder Spirit den Körper verlassen, um in irgendwelchen ätherischen Ebenen zu schweben und es sich dort zeitweise gutgehen zu lassen, bis sie wieder ins Jammertal der Erde und in einen irdischen Körper zurückkommen. Die Zeit der neuen Energie und des neuen

* Siehe auch Literaturhinweise im Anhang: *Die Meister der neuen Energie* und *Lebe deine Göttlichkeit* von Geoffrey und Linda Hoppe.

Bewusstseins lädt uns vielmehr dazu ein, dass wir unseren Bewusstseinskörper entwickeln und die Göttlichkeit in dieses irdische Leben und auch in diesen Körper einladen. Das geschieht durch einen Vorgang der Integration all unserer Bewusstseinsebenen und -schichten, all unserer Persönlichkeitsaspekte und durch das ganz präsente »Ich bin« in der Gegenwart, im Hier und Jetzt.

Die kraftvollen Helfer

Meister Jesus, Erzengel Metatron und die Einhörner sind im Speziellen unsere Ansprechpartner und Begleiter, wenn es um unsere seelische Entwicklung und das Erwachen geht.

Meister Jesus

Jesus Christus, Sohn Gottes, Sohn Marias – auch Sohn Josefs? Jesus, der zum Träger der Christuskraft wurde. Jesus, unser Bruder. Jesus, der Rabbi und Meister, wie ihn seine Jünger(innen?) ansprachen. Wer war Jesus? Wer ist Jesus? Dazu wurden im Verlauf von zwei Jahrtausenden bald unzählige Bücher geschrieben. Voller interessanter, oft unterschiedlicher und manchmal widersprüchlicher Aussagen. Wir können und möchten an dieser Stelle dem riesigen Angebot an Deutungen nichts hinzufügen.

Aber ein Buch über Wünsche und Engel würde ohne jede Erwähnung von Jesus ganz und gar unvollständig sein – allerdings kann ein solches Buch auch dann, wenn Jesus erwähnt wird, leider nie vollständig sein. Sie werden immer wieder neue Bezüge und Wege entdecken, die Hilfe der Engel für Ihren Lebensweg zu nutzen. Es war bekanntlich der Erzengel Gabriel, der Jesu Geburt ankündigte. Und es war der sogenannte gefallene Engel Luzifer, der Jesus in der Wüste versucht hat. (Ein Einschub: Wie sollte das alles ohne Wissen und Billigung Gottes geschehen können; wir gehen davon aus, dass selbstverständlich ein vielleicht vielen noch verborgener schöpferischer Plan dahintersteckt.) Zwar gilt Maria als Himmels- und Engelskönigin, aber Jesus ist selbstverständlich ein Meister, dessen Führung – eben weil er selbst auf der irdischen Ebene in einem menschlichen Körper gelebt hat – wir immer gern anrufen und annehmen sollten.

Wünsche wahr machen

Jesus Christus, Sohn Gottes, erbarme dich unser.
Jesus Christus, Sohn Gottes, erbarme dich unser.
Jesus Christus, Sohn Gottes, erbarme dich meiner.

Kennen Sie das Bild, das nach den Angaben der polnischen Ordensschwester Faustina von Jesus gemalt wurde? Er ist ihr erschienen und hat sie gebeten, ihn genau nach dieser Erscheinung malen zu lassen. Wenn Sie es nicht kennen, würden wir Ihnen wirklich von Herzen empfehlen, sich ein solches zu besorgen. Inzwischen hängt es (zumindest in Österreich) in fast allen Kirchen, meist im Großformat. Ich (Jutta) habe einige kleinere Ausgaben davon zu Hause. Was mich daran so fasziniert – außer dass ich mir vorstellen kann, dass Jesus als Mensch wirklich so ausgesehen hat –, sind die Augen.

Wenn man diesem Jesus-Bild in die Augen sieht, spiegelt es nach und nach unser Innerstes wider. Das heißt, die Augen verändern sich dahingehend, dass man spürt, wo man selbst steht, wie es einem geht, auch Gedanken und Gefühle kommen an die Oberfläche. Man bekommt einen Überblick über den innersten und ureigenen Seelenzustand, also alles, was wir eigentlich verbergen und zudecken wollen. Unglaublich und unwahrscheinlich, was da so alles möglich ist. Wenn man mutig genug ist, sollte man das wirklich einmal erleben. Es wirkt dabei stets noch nach – einige Stunden nach diesem Erlebnis kommen Gefühle, Gedanken und Erkenntnisse erst so richtig in unser Bewusstsein.

Wenn ich in Eisenstadt in der Franziskaner-Kirche (eine Erzengel-Michael-Kirche) unter dem großen Jesus-Bild stehe, kann ich mich mit seiner Energie richtiggehend aufladen. Das funktioniert fast so wie bei einer Dusche. Ich stelle mich unter das Bild, schließe die Augen und lasse die Jesus-Energie durch mich hindurchrieseln. Eine sehr starke und unglaublich liebevolle Energie, die ich gar nicht beschreiben kann. Auf jeden Fall sind meine seelischen Batterien Tage danach noch immer voll und ganz aufgeladen. Ich bedanke mich bei Jesus jedes Mal von Herzen dafür.

Und ein kleines Jesus-Bild liegt immer unter meinem Kopfkissen. Es ist zwar schon etwas zerknuddelt, aber ich denke, Jesus stört das nicht. Wenn mich belastende Gedanken oder Sorgen am Einschlafen hindern, lege ich meine Hand auf das Jesus-Bild und sage immer wieder leise »Jesus« vor mich hin. Innerhalb von wenigen Minuten spüre ich eine vollkommene innere Ruhe und Ausgeglichenheit und die wunderbar liebevolle Jesus-Energie in mir.

Und dann fällt mir noch etwas ein: Mein Vater sagt immer (alle Engel, bitte kurz weghören!): »Wenn es dir schlecht geht und du Probleme hast, dann geh gleich zum Chef.« Er meint damit, dass er seine Gebete direkt an Jesus richtet und nicht über die Engel mit ihm spricht. Das ist absolut keine Abwertung oder Missachtung unseren himmlischen Helfern gegenüber, sondern einfach sehr pragmatisch. Und es hat ja bei ihm bis jetzt auch wunderbar und einwandfrei funktioniert. (Siehe Kapitel 8 zur Gesundheit, wenn Sie sich noch an seine angebliche Krebserkrankung erinnern, die er laut seiner Aussage Jesus übergeben und weggebetet hat. Wie gesagt: Ich glaube ihm das wirklich. Es sind dies die persönlichen Wunder, die viele Menschen erleben dürfen.)

Erzengel Metatron

Er wird manchmal als »König der Engel« bezeichnet, dann auch als göttlicher Schreiber und göttlicher Archivar. Nach der Kabbala war Metatron der Engel, der die Kinder Israels nach dem Auszug aus Ägypten durch die Wüste geleitete. Viele Forscher sehen in ihm den zum Engel verwandelten Henoch beziehungsweise Enoch, der zum Zwillingsbruder des Elia oder Elias = Sandolphon geworden sei. Nach dieser Lesart wurde Henoch, über den sich im Alten Testament nur wenig findet (Genesis 5,18–24) und dessen Identität ziemlich umstritten bleibt, »entrückt«. Herkunft und Bedeutung des Namens Metatron sind ebenfalls unklar.

Erzengel Metatron gilt als Wegweiser, wenn wir es mit neuartigen Situationen zu tun haben oder unser Gewissen daraufhin prüfen, wie wir mit Menschen oder Ereignissen umgehen oder auf sie reagieren sollten. Er gilt als Inbild von Weisheit und innerer Festigkeit, die indes ohne Schärfe ist.

Wünsche wahr machen
Metatron bitten wir darum, uns den richtigen Weg zu zeigen. Wir erlauben uns, den richtigen Weg zu gehen und bitten um die Gnade Gottes, diesen Weg zu segnen.

Haben Sie das auch schon erlebt? Es ist ein guter Tag, alles passt und Sie sind innerlich »rund«. Ein tolles Gefühl und sie strahlen das auch aus. Ihr Umfeld reagiert mit dem Ausruf: »Du strahlst ja richtig!« Licht ist ansteckend. Wenn wir uns an ihm orientieren, überwiegen immer die Lichtgestalten. Was heißt das genau? Wenn uns etwas Dunkles begegnet, sucht oder verführen will, werden immer doppelt so viele Engel um uns sein. Es kann uns also gar nichts passieren (außer wir entscheiden uns für die dunkle Seite, aber damit wollen wir uns jetzt gar nicht befassen).

Als kleines Mädchen lag ich des Öfteren in meinem Bett und konnte nicht einschlafen, weil mich etwas bedrückte. Abgesehen von den Alltagsängsten und Sorgen eines Kindes spürte ich, dass mir etwas fehlte. Ich hatte das Gefühl, hier fremd zu sein, nicht in diese Familie zu gehören und so weiter. Kommt Ihnen das bekannt vor? Einigen sicherlich. Später, als mein spiritueller Weg begann, fielen mir diese Gefühle wieder ein und ich konnte sie dank meiner Engel nun einordnen. Ich hatte damals Heimweh. Heimweh nach der geistigen Welt, nach meiner Heimat, aus der ich kam. Nach dem Licht, der Wärme und der Liebe, die dort alles einhüllte. Nach meiner Seelenfamilie, Jesus, meinen Engeln, die ich nach und nach, als ich älter wurde, nicht mehr sehen konnte. Schön langsam und Stück für Stück mehr spüre ich wieder etwas von diesem Licht und auch von der

Jesus-Energie. Ich empfange die Liebe meiner Engel rund um mich her.

Wenn Sie das Buch bisher aufmerksam gelesen haben, dann wird Ihnen aufgefallen sein, dass jeder Erzengel einen Lichtstrahl hat (mit verschiedenen Farbtönen). In den Übungen und Ritualen können wir uns in diesen Lichtstrahl hüllen, oder darin duschen wie unter einer Lichtdusche. Das funktioniert tatsächlich immer, und man kann jede dieser Übungen auch mental machen. Es reicht, wenn wir es uns bildlich vorstellen. Sofort werden wir die Energie und das Licht des Erzengels spüren. Seine starke und wunderbare Liebe erfüllt uns und gibt uns neue Kraft und Energie. Probieren Sie es aus, es funktioniert wirklich. Vor allem in Stresssituationen und bei Prüfungen ist das schnell wirksam.

Das Licht in uns ist unsere innere Liebe, die Herz- und Seelenenergie, die immer besser und stärker fließen kann und darf. In jedem Moment der spirituellen Arbeit ist sie zu spüren, sie wird stärker und hebt uns hinauf. Das Leben wird reicher, heller und froher. Wir spüren den Sinn dahinter, wissen, wozu wir hier sind, und dürfen unsere Helfer aus dem geistigen Bereich immer mehr wahrnehmen. Wir bekommen eine andere Sichtweise, gehen mit Problemen und Ärgernissen anders um, haben einen positiveren Zugang zu uns selbst und anderen Menschen.

In dem Moment, wo wir uns für die Liebe entscheiden, kommt sie in unser Leben und wir strahlen sie nach außen. Sie kommt hundertfach zurück. Das ist kein Märchen, das ist ein spirituelles Grundgesetz! Was Sie aussenden, bekommen Sie zurück. Immer. Entscheiden wir uns dafür, Licht und Liebe auszusenden. Und wägen wir unsere Wünsche genau ab, überlegen wir, was wir wirklich brauchen. Senden wir einen Wunsch erst aus, wenn wir uns hundertprozentig sicher sind, dass er für uns passt. Denn es könnte sein, dass er tatsächlich in Erfüllung geht!

Für das nächste Ritual brauchen Sie einen ruhigen Platz und ausreichend Zeit. Versetzen Sie sich in Ihre Kindheitstage und lassen Sie das Folgende einfach zu.

ÜBUNG

Wunschritual mit Erzengel Metatron

Ich suche mir einen passenden Platz, setze mich bequem hin und schließe die Augen. Ich stelle mir den Erzengel Metatron als große Lichtgestalt vor und ersuche ihn, mit meiner Seele eine Reise in die geistige Welt zu machen und sie mit Engellicht und Liebe zu erfüllen.

Ich spüre, wie wir durch einen Vorhang in die geistige Welt wechseln.

Licht und Liebe umfließen mich, unvorstellbare Farben, wunderbare Landschaften und eine Menge Tier- und Menschenseelen. Ich fühle mich wie im Märchen und genieße diese Energien, die mich umgeben.

Alles ist leicht, liebevoll und ich bin vollkommen glücklich. Ich genieße diesen Zustand und nehme mir viel Zeit dafür.

Nach und nach verblasst dann alles vor meinem geistigen Auge und ich kehre zurück. Ich bin noch in dieser Energie, Licht und Liebe sind in mir. Ich öffne die Augen und bedanke mich beim Erzengel Metatron für diese Reise.

Einhörner

Das Einhorn, ein pferdeähnliches Fabeltier mit einem gedrehten Horn in der Mitte der Stirn, wird meist weiß dargestellt. Es ist Symbol für das Edle, Reine und Gute. Angeblich kann das Horn Gift neutralisieren, und so gab es an verschiedenen Höfen des Mittelalters vermeintliche Einhorntrinkbecher (die allerdings aus Narwalelfenbein gefertigt wurden). Tränen des Einhorns sollen Versteinerungen lösen können. Seine magischen Kräfte reichen so weit, dass man mit seiner Hilfe Verstorbene wieder ins Leben zurückholen können soll. Wer Einhornblut trinkt, wird angeblich unsterblich, führt dann aber ein zutiefst unglückliches Leben.

Nicht von ungefähr gibt es zahlreiche alte Apotheken, die auch heute noch »Einhorn-Apotheke« heißen. Manche Sagen berichten davon, dass wüste Ländereien wieder erblühen, wenn ein Einhorn sie betritt. Einhörner gelten auch als Freunde des Elfenvolkes und sind bisweilen bei Elfenreigen in Vollmondnächten zugegen. Im Kloster Einsiedeln in der Schweiz gibt es die vielleicht älteste Darstellung eines Einhorns in der christlichen Kunst. Eine Miniatur dort zeigt eine Verkündigungsszene Mariens, die in ihrem Schoß ein Einhorn beschützt. Einhörner werden auch als Sinnbild für Marias Reinheit angesehen.

Wer einen inneren Bezug zu Einhörnern spürt, wird auch einen ganz eigenen Weg finden, sie um Hilfe zu bitten. Es geht darum, wie wir individuell mit unseren schöpferischen Kräften umgehen. Ich (Wulfing) habe nie an Einhörner »geglaubt«, bis ich gleich von drei Einhörnern geträumt habe, die allerdings schön zotteligbraun waren, so in der Farbe schottischer Hochlandrinder, aber viel eleganter und eben deutlich mit jeweils einem Horn ausgestattet.

Einhörner sind das Symbol für Weisheit und Spiritualität – und natürlich Märchen- und Fabelwesen, die es aber nach wie vor in einer für uns unsichtbaren Welt gibt. Mir (Jutta) fällt dazu der Film *Das letzte Einhorn* ein. Er war der erklärte Lieblingsfilm meiner damals etwa zehnjährigen Tochter, sie konnte gar nicht genug davon bekommen. Ich sprach die Texte nach unzähligen Wiederholungen schon beinahe mit, aber langweilig wurde mir trotzdem nicht dabei. Irgendwie war es dem Regisseur gelungen, das mystische Wesen sehr intensiv und liebevoll darzustellen. Man könnte es sich so vorstellen, sollte man irgendwann in der Zukunft einem echten Einhorn begegnen. Ich würde mich auf jeden Fall sehr darüber freuen.

Wenn ich Engel-Beratungen mache, dann verwende ich außer verschiedenen Engel-Kartendecks auch immer die mystischen Lenormand-Karten. Sie passen deswegen so gut für meine spirituelle Arbeit, weil sie nummeriert sind, auf jeder Karte ein Tier abgebildet ist (sehr wichtig für mich) und noch andere Details wie Sternzeichen und Planeten darauf zu sehen sind. Die Karte Nummer 22 steht für einen längeren Weg, auch den Lebensweg, Entscheidungen und Wegänderungen. Wirklich sinngebend ist das Einhorn unter der Brücke. Symbolisiert es doch die mystischen und spirituellen Aspekte, also unseren Seelenweg. In der rechten oberen Ecke der Karte sehen wir das Sternzeichen der Waage, also sollten Leichtigkeit und Ausgewogenheit ebenfalls aktuelle Themen sein. Eine sehr liebevolle Karte mit einer starken Aussagekraft.

Unser göttlicher Funke

Befasst man sich mit Jesus, Metatron und Einhörnern, noch dazu unter dem Aspekt des Erwachens, tauchen einige Fragen immer wieder auf. Wie nehme ich meinen göttlichen Funken, die Urenergie in mir wahr? Bin ich schon so weit und erlaube ich mir das überhaupt, oder bin ich noch zu unsicher und zweifle an mir? Es ist ein Irrtum zu glauben, dass alle anderen besser und schneller unterwegs sind als wir selbst. Dass andere weiter sind als wir, ist ebenfalls ein Irrglaube. So ist das nicht.

Sie wissen ja, dass meine liebste Freundin Eveline und ich (Jutta) ein kleines Seminarzentrum im Burgenland haben. Eben dort hielt Wulfing vor ein paar Monaten einen Vortrag. Dabei erzählte er von einigen interessanten Gedanken aus seinem neuesten Buch *Kleine Erleuchtungen.* Dabei ging es darum, dass ein jeder von uns als winziger Punkt auf der Erde aufscheint. Man muss sich das so vorstellen, dass – da die Erde ja rund ist und sich dreht – jeder irgendwann wieder auf dem gleichen Platz beziehungsweise seiner Ausgangsposition ist. Das kann nur heißen, dass jeder Mensch vom Universum aus betrachtet gleich viel wert ist, keiner ist besser, weiter oder höher und auch nicht wichtiger als ein anderer. Jeder Mensch ist vor Gott und sich selbst genau gleich viel wert wie jeder andere.

Ein jeder von uns ist genau auf dem Platz hier auf diesem Planeten, den er sich für dieses Leben ausgesucht hat und der für ihn passt. Hier kann er sich weiterentwickeln, lernen und all seine Vorhaben und Programme auch wirklich »erledigen«. Alles, was er dazu an Anlagen und Werkzeugen braucht, hat er hierher mitgebracht. Seele und Geist wollen im Körper immer weiter wachsen und sich optimal entwickeln dürfen. Eine Unmenge an Möglichkeiten warten auf uns, und jeder sollte das für sich Passende finden und dann auch nutzen und leben. Egal, wie schwierig die aktuelle Lebensphase auch ist, es gibt im Alltag immer wieder kleine Lichtpunkte, die Lebensfreude und ein Lächeln aktivieren. Wir haben es in der Hand, ob wir offen dafür sind und diese kleinen Highlights zulassen und annehmen. Wenn wir es tun, beginnt das Licht in uns zu leuchten und zu wachsen, es wird immer heller und heller. Bei jedem liebevollen Gedanken, jedem liebevollen Wort, jeder liebevollen Handlung bekommen wir einen Lichtstrahl dazu. Wir kehren langsam und im Laufe der Zeit zu unserer Urenergie zurück, verbinden all unsere Seelenanteile miteinander, spüren uns wieder und erkennen die größeren Zusammenhänge. Das ist der Weg, den die Seele gehen will und der die Voraussetzung dafür ist, dass immer mehr Licht in uns entsteht und nach außen strahlen kann. Es ist die Reise nach Hause, in die geistige Heimat, in unseren Ursprung.

Danken und Segnen – Statt eines Schlusswortes

Zwei aktive Handlungen, denen dieselbe Grundeinsicht und Lebenseinstellung zugrunde liegt, fördern die Selbstermächtigung und Wunscherfüllung im Sinne der Engel am meisten: Danken und Segnen.

Danken

Es gibt so unzählig viele Dinge, für die wir alle von Herzen dankbar sein dürfen (und sollten):

- für Eltern, Geschwister, Partner oder Partnerin, Kinder, Freunde ...
- für eine (einigermaßen) gute Gesundheit
- für Essen und Trinken, Kleidung und Unterkunft
- für Begegnungen mit Menschen
- für Freude an der Natur, an Luft und Sonne, an Wolken und Regen, an Himmel und Erde, an Tieren und Pflanzen ...
- lassen Sie sich an dieser Stelle zehn weitere Dinge einfallen, für die Sie dankbar sind ...

- schließlich und vor allem für das Leben an sich.

Machen wir es uns zur Gewohnheit, täglich für Dinge unseres Lebens dankbar zu sein. Wir können es im Stillen tun, wann immer uns auffällt oder einfällt, was es gerade an Gutem und Schönem und Hilfreichem gibt. Wir können es ausdrücklich tun, indem wir anderen Menschen auf schlichte Weise, die nicht übertreibt, dann danken, wenn es stimmig ist. Dankbarkeit öffnet uns noch weiter für die Erfüllung von Wünschen, die wirklich wichtig für unser Leben sind und deren Erfüllung unseren Lebensplan zu verwirklichen hilft.

Segnen

Wir gehen allgemein davon aus, dass nur Priester segnen und es auch können, also damit etwas bewirken. Früher war es üblich, sich beim Abschied vor einer Reise von älteren Angehörigen segnen zu lassen. Wir bitten um den Segen Gottes und von Jesus und Maria vielleicht, um den Segen von Engeln und Erzengeln, von Schamanen und Gurus und so fort.

Sind wir uns jedoch dessen bewusst, dass wir selbst ebenfalls die Gabe und Kraft der Segnung in uns tragen? Dass wir sowohl uns selbst als auch andere Menschen segnen können und dürfen und oft doch auch sollten?

Probieren Sie es aus. Zunächst vielleicht in Gedanken und für sich allein. Sie könnten sich zum Beispiel mental sagen: »Ich segne mich und mein Leben.« Fühlt sich das ungewohnt an? Trauen Sie sich nicht ganz, weil Sie meinen, das sei spirituell arrogant? Nein, das ist es ganz und gar nicht. Vielleicht fällt es Ihnen leichter, damit anzufangen, andere Menschen und Tiere zu segnen. Auch das können Sie still und mental ausführen. Sie denken sich zum Beispiel: »Ich segne mit meiner Seelenkraft, mit meinem Licht, mit meiner Liebe dieses Wesen. Möge es sich weiterhin zum höchsten und besten Wohle entwickeln.«

Segnungen sind eine Art von aktivem Gebet. Das Gebet ist die Öffnung der Seele dafür, die Gnade des Himmels zu erbitten und zu empfangen. Die Segnung ist die schöpferische Kraft der Seele, ihr Licht, das aus der einen göttlichen Quelle kommt, auf jedes Wesen und auf alles zu richten und ihren Beitrag zu Harmonie, Frieden und Liebe anzubieten.

Hier ein irisches Segensgebet, das Gebet und Segnung verbindet. Ich (Jutta) bete es jeden Tag am Morgen, bevor ich den Tag mit Arbeit oder Freizeit beginne.

Irisches Segensgebet

Herr, segne den ersten Tag und den letzten.
Segne die Stunden, die mir vergönnt sind.
Meine Hände sollen segnen, was sie anfassen.
Meine Ohren sollen segnen, was sie hören.
Meine Augen sollen segnen, was ihnen begegnet.
Segen komme von meinen Lippen.
Mein Nachbar sei gesegnet. Möge er auch mich segnen!
Herr, lass mich nicht aus deinen Augen,
deinen Händen, deinen Ohren, deinem Herz.
An diesem Tag und alle Tage dieses Jahres.

Wir wünschen Ihnen von Herzen Gottes Segen, den Segen und die bewusst erspürte Gegenwart der Engel – und Ihren eigenen Segen für sich und Ihr ganzes Leben!

Anhang

Literaturhinweise

Bisherige gemeinsame Titel der Autoren

Die Botschaft der Engelzahlen. Himmlische Numerologie, Heyne Verlag

Die Engelbotschaft deines Namens. 600 Vornamen in ihrer spirituellen Bedeutung. Das praktische Handbuch, Heyne Verlag

Engelrituale. Himmlische Impulse für alle Lebenslagen, Knaur Verlag

Ausgewählte Bücher von Wulfing von Rohr

Kleine Erleuchtungen. Anregungen für ein bewusstes Leben. Mit zahlreichen praktischen Übungen, Knaur Verlag

Einführung in die Horoskopdeutung. Ein Standardwerk, Goldmann Arkana Verlag

Was lehrte Jesus wirklich? Die geheimen Botschaften der Bibel, Schirner Verlag

Kuan Yin. Die buddhistische Göttin der Barmherzigkeit. Mit Kuan-Yin-Orakel, Schirner Verlag

Bücher über Wunscherfüllung und über Engel

Coué, Émile: Autosuggestion. Wie man die Herrschaft über sich selbst gewinnt. Die Kraft der Selbstbeeinflussung durch positives Denken, Oesch Verlag

Dooley, Mike: 365 Grüße vom Universum, Kalender, Knaur MensSana Verlag

Giovetti, Paola: Engel. Die unsichtbaren Helfer der Menschen, Kailash Verlag

Haanel, Charles F.: The Master Key System. 24 Schritte, um das Leben zu meistern, Knaur Verlag

Hill, Napoleon: Denke nach und werde reich, Ariston Verlag

Hoppe, Geoffrey und Linda: Adamus Saint-Germain. Lebe deine Göttlichkeit. Spirituelle Impulse für das neue Bewusstsein, Ansata Verlag

dies.: Adamus Saint-Germain. Die Meister der neuen Energie. Weisheit und Inspiration für eine Welt im Wandel, Ansata Verlag

Murphy, Joseph: Die Macht Ihres Unterbewusstseins, Ariston Verlag

Swedenborg, Emanuel (Hrsg. Friedemann Horn): Er sprach mit den Engeln, Swedenborg Verlag

Kontaktadressen

Jutta Fuezi
Motto: Der Zufall ist die Methode der Engel, unauffällig Wunder zu tun.

E-Mail: jutta@engellicht.at
Webseite: www.engellicht.at
Tel. +43-(0)664-9384813

Jutta Fuezi hält Vorträge (auch auf Einladung), führt Gruppen- und Kleingruppenseminare durch sowie Einzelberatungen. Sie bietet Menschen, die weiter entfernt wohnen, Beratung unter Einbeziehung der Engel-Numerologie und Deutung von Engelnamen auch per E-Mail an.

©2009 M. Siebinger, Salzburg

Wulfing von Rohr

Motto: Panta rhei – Alles fließt.

E-Mail: wulfing@gmx.at
Webseite: www.wulfingvonrohr.info
Tel. +43-(0)2685-20406

Die verschiedenen Seminare von Wulfing von Rohr finden Sie auf seiner Webseite.

Ab 2012 bieten Jutta Fuezi und Wulfing von Rohr neben ihren eigenen Tätigkeiten auch »Engelreisen« an. Weitere Informationen auf den Webseiten.

Adamus Saint-Germain

Empfangen von Geoffrey und Linda Hoppe

»Das Ende der Dualität ist gekommen: Es geht darum, das Göttliche in eurem Leben zu verwirklichen.« Dies ist die wichtigste Botschaft des Aufgestiegenen Meisters Adamus Saint-Germain – und es ist für jeden von uns eine einzigartige Chance und Herausforderung zugleich. Die Entwicklung des Bewusstseinskörpers ist der Schlüssel, um seine eigene Wirklichkeit lichtvoll selbst zu gestalten.

978-3-7787-7443-4

Leseprobe unter: **www.ansata.de**

Ansata